KB057783

어떤 지구를
상상할 것인가

지구인문학총서

01

어떤
지구를
상상할 것인가

The discovery of planetary humanities

지구인문학의
발견

허남진 조성환 이원진 이우진 지음

도서출판 모시는사람들

지구를-인문화-하다

2021년 유네스코(UNESCO)에서 발행한 『교육의 미래 보고서』에서는 향후에 인류의 교육이 가야 할 방향을 다음과 같이 제안하고 있다.

> 이 보고서는 2050년과 그 이후를 내다보면서 교육이 우리의 미래 형성에 어떤 역할을 할 수 있는지에 대한 질문을 던진다. 이 보고서의 제안은 지난 2년 동안 전 세계인들의 참여와 공동 작업을 통해 나온 결과로, 이 과정에서 우리가 공유하는 이 지구에서 모두가 연결되어 있으며 모두가 협력해야 한다는 사실을 명확히 인식하고 있음을 알게 되었다.
>
> (「핵심내용」)

여기에서 키워드는 '지구·연결·협력'이다. '지구'가 인간과 만물의 거주 공간에 해당한다면, '연결'은 그 안에서 살고 있는 존재의 실상을 말하고, '협력'은 그중에서 인간에게 요구되는 실천의 차원이다. 우리는 지구라는 공동의 거주지에서 서로 연결되어 살고 있고, 그 삶의 터전을 지키기 위해서는 서로 협력해야 한다는 것이다. 그 협력 중에서 특히 강조되고 있는 것은 '지식의 협력'이다.

> 현재를 넘어서 좀 더 다양한 미래의 가능성을 상상하기 위해서는 다양한 사람, 문화, 전통이 세상을 읽고 이해하는 다양한 방식들을 연구와 혁신에서 배제시켜서는 안 된다. 실제로 이 보고서에 나오는 교육, 지식, 참여, 협력, 연대에 관한 지침은 여러 문화들의 세계관과 관점에서 나온 풍부한 지식 전통에 기반하고 있다. … 토착적 인식론(indigenous epistemologies)을 그저 연구대상이 아니라 세계를 이해하고 알아가는 실행 가능한 접근 방식으로 볼 필요가 있다.
>
> (제8장 「연구와 혁신에 대한 요청」 "지식, 데이터, 증거의 확장")

다중위기 시대를 살아가는 우리는 장차 어떤 미래가 펼쳐질지 아무도 장담하지 못한다. 하지만 그 미래를 조금이라도 더 나은 곳으로 가져가기 위해서는 다양한 분야와 문화의 지식들이 동원되어야 한다는 것이다. 그중에서도 특히 유네스코가 강조하는 것은 지금까지 소홀히 해 왔던 토착적 세계관이다.

산업화되기 이전의 '지구'는 만물의 어미이자 인간의 조건으로 인식되고 있었다. 인간이 지구의 중심이 아니라 만물의 일원으로 자리매김 되고, 인간과 만물을 '님'으로 대하는 외경의 감각이 살아 있었다. 그러나 18세기에 진보의 이념이 도입됨에 따라 지구는 인간의 진보를 위한 자원으로 전락하였다. 토마스 베리가 갈파했듯이, "인간의 진보가 지구의 퇴보"를 가져온 것이다. 그 결과는 제임스 러브록의 표현을 빌리면 "지구의 반격"이다. 오늘날 우리에게 당면한 생태위기와 기후변화는 인간만의 진보와 성장을 추구해 온 데 대한 지구의 경고가 아닐까?

그렇다면 우리는 이제 어떤 지구를 상상해야 하는가? 기후변화 시대에 인간과 지구가 함께 번영할 수 있는 길은 무엇인가? 생태위기 시대에 우리는 만물을 어떻게 인식하고 대해야 하는가? '지구인문학'은 이러한 물음에 답하기 위한 학문적 대장정이다. 지난 2000년 봄부터 시작된 지구인문학연구회는, 한편으로는 1990년대부터 서양에서 대두되기 시작한 지구에 관한 인문학적 담론을 분석하면서, 다른 한편으로는 그것들을 이규보, 홍대용, 동학, 원불교, 한용운 등이 보여주는 한국의 철학·종교와 대면시키고 있다. 그런 의미에서 지구인문학은 한국으로부터 발신하는 '토착적 지구학'이라고 할 수 있다.

2023년 6월
저자들을 대표해서 조성환이 씀

어떤 지구를 상상할 것인가

The discovery of planetary humanities

제1장

지구화 시대의
지구인문학

허남진·조성환

지구인문학은 '지구에 대한 인문학적 성찰'이라는 의미로, 간단히 '지구학'이라고도 한다. 1990년대 이래로 서양에서는 지구화(Globalization)라는 새로운 현상이 대두함에 따라 지구화의 정치·경제·사회적 현상을 분석하는 지구학(Global Studies)이라는 학문 분야가 출현하였다. '글로벌 사회학'(global sociology)이나 '글로벌 정치학'(global politics)과 같이 '글로벌'이라는 수식어가 달린 학문 분야가 그것이다. 그중에서도 특히 인간중심주의를 극복하고 지구중심주의로 나아가고자 하는 학문적 경향을 이 책에서는 '지구인문학'이라고 명명하였다.

　지구인문학의 선구자는 가톨릭 신부이자 지구학자(geologian)를 자처한 토마스 베리(1914~2009)이다. 베리는 1988년에 쓴『지구의 꿈』에서 산업적 진보가 지구의 퇴보를 가져왔다고 진단하면서, 인간과 지구가 상생하는 방법의 하나로 지구와 친교를 맺고 만물과 대화를

나눌 것을 제안하였다. 탐구나 관찰 대상으로서의 지구에서 친교와 외경의 대상으로의 지구로의 전환을 촉구한 것이다.

이와 같은 지구인문학적 지향은 조선 후기의 실학이나 동학에서도 찾을 수 있다. 18세기 실학자 홍대용은 지구구형설을 바탕으로 중국은 물론 지구조차도 우주의 일부에 불과하고, 인간 존재 역시 지구적 관점에서 보면 만물의 일부에 불과하다고 보았다. 19세기 동학의 스승 최시형도 지구에 존재하는 만물을 공경하라는 지구도덕론을 설파하였다. 최시형의 지구인문학은 이후에 천도교 사상가 이돈화의 한울의 우주론과 인간관으로 이어졌다. 일제강점기에 탄생한 원불교에서도 일원의 우주론과 사은의 윤리학을 통해, 마치 지구화로 인해 지구상의 모든 존재가 하나로 연결되듯이, 우주는 하나로 연결되어 있는 공동체라는 지구인문학의 가치를 일찍부터 주장하였다.

1.
지구화의 대두와
지구인문학

세계화에서 지구화로

1990년대부터 서구 학계에는 전 지구적인 사회 현상을 설명하는 새로운 개념이 대두하기 시작했다. 지금은 일상어가 되다시피 한 '글로벌라이제이션'(globalization)이 그것이다. 경제적으로는 신자유주의, 기술적으로는 교통과 통신(인터넷)의 발달로 세계가 하나로 연결되는 현상, 즉 "시공간의 압축"(time-space compression)[1]을 표현하기 위해 만들어진 용어이다. '글로벌라이제이션'은 처음에는 '세계화'라는 번역어로 국내에 소개되었다. 세계화에는 크게 두 가지 의미가 있다. 하나는 신자유주의와 같은 경제적 현상의 세계적 확산이고, 다른 하나는 한류와 같은 특정 문화의 세계적 전파이다. 하지만 '세계화'라는 번역어는, 지구적 시공간의 압축이나 지구촌 문화의 등장과 같은 현상은 설명하기 어려운 불안전한 개념으로 인식되었다.[2] 그래서 등장한 번역어가 '지구화'이다.

---

1 '시공간 압축' 개념에 대해서는 다음을 참조하라. 데이비드 하비, 『포스트모더니티의 조건』, 구동회·박영민 옮김, 한울, 2009.

2 조명래, 「'지구화'의 의미와 본질」, 『공간과 사회』 4, 1994, 38쪽.

'지구화'라는 번역어가 처음 등장한 것은 독일의 사회학자 울리히 벡 (Ulrich Beck)이 쓴 Was ist Globalisierung?(1997)의 번역서가 나오면서부터이다. 영어로는 'What is globalization?'(지구화란 무엇인가?)이라는 제목으로 나온 이 책은 우리말로는 『지구화의 길』(2000)로 번역되었다.[3] globalization을 '세계화'가 아닌 '지구화'라고 번역한 것이다. 이 새로운 번역어는 당시의 세계화 담론에 대한 울리히 벡의 비판을 반영하고 있다. 울리히 벡은 지구화를 경제적인 세계화의 의미로만 이해하는 것은 지구화의 전체적인 측면을 놓치는 오류라고 지적하면서, 지구화는 정보·문화·생산·생태 등의 영역에서 전방위적으로 진행되고 있다고 주장하였다. 특히 '위험의 지구화'(globalization of risk)에 대해서는 이미 1986년에 쓴 『위험사회』(Risk Society)에서부터 강조하였다. 과거와는 달리 오늘날은 위험이 지역이나 국가를 넘어 지구적 차원으로 전개되고 있다는 것이다.[4] 또한 『지구화의 길』에서는 지구화를 비롯하여 지구성(globality), 지구주의(globalism), 성찰적 근대성(reflexive modernity)과 같이, 당시 서구학계에서 논쟁의 중심이 되고 있는 개념들을 상세히 논하고 있다.[5] 그런 의미에서 울리히 벡은 '지구사회학'(global sociology)이라는 분야를 개척했다고 평가할 수 있다.

---

3 울리히 벡, 『지구화의 길』, 조만영 옮김, 거름, 2000. 이하, '울리히 벡, 『지구화의 길』'로 약칭.

4 울리히 벡, 『위험사회』, 홍성태 옮김, 새물결, 2000, 43-44쪽, 82쪽.

5 이에 대해서는 조성환, 「팬데믹 시대에 읽는 지구학(1) 울리히 벡의 『지구화의 길』을 중심으로」, 『월간 개벽신문』 93호(2020년 4월)를 참고하기 바란다.

울리히 벡의 문제 제기 이후로, 지구화에 대한 논의는 사회과학 분야뿐만 아니라 역사학이나 종교학과 같은 인문학 분야까지 확산되었다. 가령 역사학 분야에서는 '지구사'(global history)라는 새로운 분야가 등장했다. 미국의 역사학자 브루스 매즐리시(Bruce Mazlish)는 2006년에 쓴 『새로운 지구사』(The New Global History)에서, 지구화를 프랑스 혁명에 비유하면서 '지구화 혁명'이라고 표현했다. 그에 따르면, 프랑스 혁명과 지구화 혁명은 수단의 차이는 있지만 모두 기존의 권력 체제를 전복하여 새로운 힘과 주권을 위한 길을 열었으며, 공고화된 기성관념과 제도 등의 장벽을 허물고 새로운 방식으로 정체성과 경계를 초월하였다. 하지만 지구화는 프랑스 혁명보다 더 큰 영향력과 파급력을 발휘하고 있으며 그 효과 역시 전 지구적이다.[6] 그만큼 지구화의 위력과 파장이 크다는 것이다.

종교학 분야에서는 종교사회학자들의 주도로 '지구화와 종교'에 관한 연구가 활발히 이루어졌다. 가령 미로슬라브 볼프는 지구화 시대의 종교의 역할에 주목했다. 그는 지구화에는 양면성이 있으며, 지구화의 그림자에서 벗어나려면 종교가 필요하다고 말한다. 즉 지구화 시대에는 생태적 재난과 같은 문제에 맞설 도덕적 자원이 부족한데, 바로 여기에 종교의 역할이 있다는 것이다.[7] 또한 한국의 종교사회학자 김재명에 의하

---

6 Bruce Mazlish, *The New Global History*, NY: Routledge, 2006, p. 112.; 김용우, 「지구사를 위한 '보편'의 모색」, 조지형·김용우 엮음, 『지구사의 도전』, 서해문집, 2011, 193쪽. 이하, 『지구사의 도전』으로 약칭.

7 미로슬라브 볼프, 『인간의 번영: 지구화시대, 진정한 번영을 위한 종교의 역할을 묻는다』, 양혜원 옮김, IVP, 2017, 63-64쪽, 85-88쪽 참조.

면, 최근에는 '지구종교'(Global Religion)라는 범주로 세계종교를 지구적인 맥락에서 재서술하는 연구도 등장하고 있다. 미국의 사회학자 마크 주어겐스마이어가 편집한 『지구종교: 개론』(Global Religion: An Introduction, 2003)이나 『옥스포드 지구종교 핸드북』(The Oxford Handbook of Global Religions, 2006)이 그것이다.[8] 또한 레지나대학(University of Regina)의 종교사회학자 조규훈(Kyuhoon Cho)은 지구적 맥락에서 연구하는 종교학을 '지구종교학'(Global Religious Studies)으로 개념화하였다.[9]

이처럼 서양에서는 1990년대부터 지구사회학(Global Sociology), 지구종교학(Global Religious Studies), 지구사(Global History) 등 각 분야에서 '글로벌'(지구적)이라는 수식어를 제목에 붙인 연구들이 동시다발적으로 전개되었다. 이 장에서는 이러한 새로운 학문적 경향을 '지구학' 또는 '지구인문학'이라고 명명하고, 이와 유사한 사상적 경향을 한국 근대철학에서 찾아보고자 한다. 그 이유는 지구화로 야기된 지구적 위험에 대한 철학적 대안을 비서구사상에서 찾는 경향이 두드러지고 있기 때문이다.

본문의 구성은 다음과 같다. 먼저 지구화와 관련된 논쟁의 흐름을 살

---

8   Mark Juergensmeyer, ed., *Global Religion: An Introduction*, Oxford: Oxford University Press, 2003.; Mark Juergensmeyer, ed. *The Oxford Handbook of Global Religions, Oxford*: Oxford University Press, 2006 등이 그것이다. 이에 대해서는 김재명, 「종교의 지구지역화에 대한 이론적 연구: 한국개신교를 중심으로」, 서울대학교 종교학과 박사학위논문, 2014, 14쪽 각주 43) 참조.

9   조규훈, 「현대·서구 중심적 지구화를 넘어서: 아시아의 종교전통들과 다중적 지구화들」, 『종교연구』 79-3, 2019, 44쪽.

펴보고, 지구화를 주요 테마로 하는 지구학(Global Studies) 연구의 경향을 고찰한다. 이어서 사회과학 중심의 지구학과는 다른 '지구인문학' 분야의 필요성을 제안하고, 마지막으로 홍대용의 『의산문답』과 최한기의 『지구 전요』, 그리고 동학과 원불교와 같은 조선후기 철학에서 지구인문학적 사유의 단초를 찾아보고자 한다.

지구화의 대두

지구학의 핵심 주제는 지구화(globalization)이다. 지구화는 "전 지구가 하나로 연결되어 간다"는 의미이고, '지구화시대'(global age)란 이러한 지구화가 전개되는 시대를 말한다. 지구화라는 용어가 널리 사용되기 시작한 시점은 1990년대이다. 전 세계에서 쉽게 목격되는 맥도널드, 스타벅스, 그리고 WHO, WTO와 같은 초국가적 기구들은 지구화 현상을 말해주는 대표적인 사례들이다. 현대인의 삶은 시간이 갈수록 상호 관계가 긴밀해지고 서로간의 의존도가 높아지고 있는데, 지구화는 이러한 변화를 가장 잘 포착하는 용어로 널리 사용되고 있다.

하지만 정작 '지구화란 무엇인가?'에 대해서는 연구자들마다 해석이 분분하다. 어떤 연구자는 신자유주의로 대표되는 경제적 변화가 지구화의 본질이라고 보는 반면에, 어떤 연구자는 정치나 문화 혹은 이념이 지구화의 핵심이라고 주장한다. 이러한 논란에 대해서 대표적인 지구화 연구자인 하와이대학의 맨프레드 스테거(Manfred B. Steger)는 '장님 코끼리 만지기' 비유를 들면서, 이러한 정의들은 지구화 현상의 중요한 측면을 파악하고는 있지만, 지구화라는 복잡한 현상을 지나치게 단순화시키고 있다고 지적하면서, "지구화란 지구적 차원의 상호연결성이 강화되는 것이다"라고 간결하게 정의하였다. 다시 말하면 상호연결성의 글로벌화, 즉 개인, 집단, 사회가 하나의 지구 안에서 서로 긴밀하게 상호작용을 하는 과정이 지구화라는 것이다. 이러한 관점에서 그는 최근에 개정한 『지구화 입문서』(Globalization: A Very Short Introduction)에서, 지구화 문제를 지구사적 이해를 시작으로 경제적·정치적·문화적·생태적·이데올로기적 차원으로 각각 나누어서 조망하고 있다.[10]

한편 지구화가 좋은가 나쁜가를 둘러싼 논쟁도 진행 중이다. 지구화는 위험성과 가능성이라는 양면성을 동시에 지니고 있기 때문이다. 자유와 평등, 인권과 평화와 같은 보편적 가치들을 전 지구적으로 확산하고 발전시켜 공유하는 데에는 기여했지만, 경제적 불평등이나 혐오 또는 기후위기와 같이 '위험의 지구화'(울리히 벡)라는 어두운 측면도 야기했기 때문이다. 그래서 시카고대학의 역사학자 디페시 차크라바르티(Dipesh Chakrabarty)는 지구화 논의와 지구온난화 발생의 동시성에 주목하였다.[11] 지구화는 지구온난화 과정이기도 하다는 것이다. 이와 비슷한 예가 2020년에 시작된 코로나19이다. 이번 팬데믹은 초연결사회가 가져온 재앙으

---

10   Manfred B. Steger, *Globalization: A Very Short Introduction*, Oxford: Oxford University Press, 2020(5th edition), pp. 15-17.

11   디페시 차크라바르티, 「역사의 기후: 네 가지 테제」, 김용우 옮김, 『지구사의 도전』, 351쪽. 이하, '디페시 차크라바르티, 「역사의 기후」'로 약칭.

로, '질병의 지구화'에 속한다. 그래서 혹자는 '탈지구화'를 논하기도 하고, 한편에서는 지구적 연대의 필요성을 주장하는 등, 지구화에 대한 논쟁은 여전히 뜨겁다.

지구학의 분야

울리히 벡이 지적하였듯이, 지구화는 지난 30여 년 동안 정치, 경제, 사회, 문화, 종교 등 거의 모든 영역에 걸쳐 진행되어 왔다. 이와 같은 지구화의 다양한 측면을 이해하기 위해서 각 학문 분야에서 지구화를 연구하는 경향이 늘고 있다. 캘리포니아대학의 사회학자 얀 네데르베인 피테르서(Jan Nederveen Pieterse)는 지구화에 관한 연구 주제를 각 분야별로 다음과 같이 분류하였다.

〈각 학문 분과에서의 지구화 연구〉

분과학문	행위자, 영역	키워드
경제학	다국적 기업, 은행, 기술	글로벌 기업, 세계 생산, 글로벌 자본주의, 신경제
문화학	매스미디어, 정보통신, 광고, 소비	글로벌 빌리지, CNN World, 맥도널드화, 디즈니화, 혼종
정치학 국제관계학	국가의 국제화, 사회운동, 국제 비정부기구	국가들의 경제, 포스트 국제정치학, 글로벌 시민사회
사회학	근대성	자본주의, 국민국가, 산업화
철학	지구적 성찰성(global reflexity)	지구윤리, 보편적 도덕성
정치경계학	자본주의	세계시장

역사학 인류학 종교학	문화 간 교역, 기술, 진화, 세계종교	지구적 흐름, 지구적 에큐메네(ecumene) 기업의 대규모화, 종교적 지구화, 지구사, 탈유럽중심주의, 탈중심화, 다양한 근대 성(multiple modernities), 지구적 근대성 (global modernity)
생태학	지구생태학, 생태계의 통합	우주선 지구(spaceship earth), 지구적 위기

* 출처: 얀 네데르베인 피테르서, 『지구화와 문화』, 조관연·손선애 옮김, 에코리브르, 2017, 30쪽.
(인용자가 약간 수정하였음)

이처럼 서구에서는 다양한 학문 영역에서 지구화 현상을 다루는데, 이것을 종합적으로 연구하는 분야를 '지구학'(Global Studies)이라고 명명하고 있다. 국내 역시 지구학에 대한 관심은 높지만 다소 제한적인 감이 든다. 여러 대학에서 'Global Studies'를 표방하고 있는데, 대부분 국제관계와 지역연구, 국제통상과 같은 기존의 학제 간 프로그램을 '지구학 프로그램'으로 확대 재편하여 설계하고 있기 때문에 지구학의 학문적 외연은 넓지 않다.

한편 각 학문 분과에서 지구화 현상을 다룰 경우에는 global이라는 수식어를 맨 앞에 붙인다. 가령 사회학에서는 'global sociology', 역사학에서는 'global history'가 그것이다. 여기에서 global sociology는 우리말로 '글로벌 사회학'이라고 번역하고 있지만,[12] global history는 일본이나 한국에서는 '지구사'라고 소개되고 있고, 중국에서는 '전구사'(全球史)로 통용된다. 이 점을 참고하면, '글로벌 사회학'도 '지구사회학'이라고 번역할 수

---

12   로빈 코헨·폴 케네디, 『글로벌 사회학』, 박지선 옮김, 인간사랑, 2012.

있다.

지구사는 최근에 연구가 활발한 지구학 분야의 하나이다. 지구사에는 크게 두 분야가 있는데, 하나는 빅히스토리이고, 다른 하나는 각 주제별로 지구화 과정을 다루는 연구이다.[13] 빅히스토리로서의 지구사는 선사시대부터 오늘에 이르기까지 지구가 하나로 연결되어 가는 과정을 거시적으로 추적하고 있다. 후자의 지구사는 『홍차의 지구사』나 『빵의 지구사』 등이 대표적인 예이다. 지구사 연구자인 매즐리시는 지구사의 정의를 "지구화 과정에 대한 역사적 연구"와 "지역이나 국가가 아닌 지구적 층위에서의 역사현상이나 과정에 대한 연구"라고 규정하면서, 지구사의 고유한 영역은 전자에 있고, 후자는 세계사와 중첩될 수 있는 부차적인 연구라고 본다.[14]

서양에서 지구사가 부상하게 된 주요 원인은 서구중심주의와 근대중심주의, 인간중심주의를 극복하려는 움직임이다. 울리히 벡은 『지구화의 길』(1997)에서 서구 근대에 탄생한 사회과학은 국가라는 '영토의 덫'에 빠져 있었다고 비판하였다.[15] 그런 의미에서 그것은 지구학이 아니라 국가학이었다고 말할 수 있다. 그런데 이러한 비판은 인문학도 예외가 아

---

13 국내에 번역된 지구사 연구서로는 오드 아르네 베스타, 『냉전의 지구사』, 옥창준 외 옮김, 에코리브르, 2020.; 헬렌 세이버리, 『차의 지구사』, 이지운 옮김, 에코리브르, 2010 등이 있다. 『차의 지구사』 이외에도 치즈, 빵, 위스키, 향신료 등을 주제로 한 지구사 시리즈도 번역되었다.

14 조지형, 「새로운 세계사와 지구사」, 『역사학보』 173, 2002, 348-349쪽.

15 울리히 벡, 『지구화의 길』, 57쪽.

니다. '국사'나 '국문학'과 같이 국가 단위로 학문이 이루어졌기 때문이다. '세계사'(World history)는 이러한 국사들의 집합체이다. 그런데 이때 세계의 중심은 어디까지나 '유럽'이었다. 그 이유는 근대화가 유럽에서 시작되었다고 설정되었기 때문이다. 그래서 이들이 쓴 세계사는 서양에서 시작된 근대화가 전 세계적으로 확산되어 갔다고 하는 서구 근대사의 지구적 적용에 지나지 않는다.

반면에 최근에 등장한 지구사는 유럽중심주의에 대한 비판에서 시작되었다. 베를린 자유대학의 역사학자 세바스티안 콘라드(Sebastian Conrad)는 2016년에 출판한 『지구사란 무엇인가?』(What is Global History?)에서 다음과 같이 말하였다.

> '지구사'는 그동안 역사가들이 과거를 분석하기 위해 사용해 왔던 도구들이 더 이상 충분하지 않다는 확신에서 탄생하였다. … 특히 근대 사회과학과 인문학이라는 두 개의 '태생적 결함들'이 우리로 하여금 전 세계적으로 진행되고 있는 과정들을 체계적으로 이해하는데 방해가 되고 있다. 이 결함들의 기원은 19세기 유럽에서의 근대 학문의 형성으로까지 거슬러 올라갈 수 있다.
> 첫 번째 결함은 사회과학과 인문학의 탄생이 (국민) 국가에 얽매여 있었다는 것이다. … 역사는 대부분의 지역에서 국사(國史)에 한정되어 있었다. 두 번째 결함은 근대 학문분야가 지극히 유럽중심적이었다는 것이다. … 국가, 혁명, 사회, 진보와 같은 분석적 개념들은 구체적인 유럽의 경험을 어디에나 적용할 수 있다고 하는 (보편적인) 언어의 이론으로 전

환시켰다. … 지구사는 근대 학문의 두 개의 불행한 반점(=태생적 결함)을 극복하기 위한 하나의 시도이다.[16]

여기에서 콘라드는 근대의 사회과학과 인문과학은 19세기 유럽에서 탄생하였는데, 국민국가의 탄생과 같은 유럽적 경험을 바탕으로 하고 있다는 점에서 근본적인 한계가 있다고 지적한다. 반면에 최근에 대두하는 지구사는 국가 중심과 유럽 중심이라는 두 가지 한계를 극복하기 위한 새로운 역사 서술 방식이라고 소개한다. 이처럼 지구사 연구자들이 세계(world)라는 말 대신에 지구(globe)를 선호하는 이유는, 세계와는 달리 지구는 서구중심주의에 오염되지 않았고, '국제적'(international)이나 '초국가적'(trans-national)과 같은 국가를 전제로 하지 않기 때문이다.[17]

한국의 대표적인 지구사 연구자인 조지형도 지구사가 직면한 핵심 문제를 '유럽중심주의 극복'으로 설정하면서, 지구사는 유럽중심주의, 중화주의, 자민족중심주의, 국가(일국)중심주의, 인간중심주의에서 벗어나고자 하는 시각과 방법론을 제공한다고 하였다.[18] 또한 지구사가 세계사보

---

16 Sebastian Conrad, *What is Global History?*, New Jersey: Princeton University, 2016, pp.3-4.

17 Dominic Sachsenmaier, "Global History, Global Debates," in Connections, *A Journal for Historians and Area Specialists*, 03.03. 2005. (https://www.connections.clio-online.net/debate/id/fddebate-132115)

18 조지형, 「지구사의 미래와 역사의 재개념화」, 『역사학보』 200, 2008, 204쪽.

다 선호도가 높았던 이유는 20세기 후반의 지구화 과정과 직접적으로 연관되어 있기 때문이라고 보았다.[19] 즉 지구사는 상호관계성과 상호의존성의 관점에서 다양하고 복잡한 층위들에 얽혀 있는 인간의 경험을 살펴보려는 시도이다. 반면에 종래의 세계사에는 이러한 상호관계성의 역사적 안목과 의식이 전제되어 있지 않다. 지구를 하나의 공동체로 보지 못하고, 특정집단·지역·국가를 중심으로 인간의 인지적 경험을 읽고 있기 때문이다.[20] 이와 같이 새로운 학문 분야로 부상한 지구사는 세계사의 한계를 지적하면서, 전 지구적 포괄성, 상호연관성, 보편성, 탈유럽중심주의에 초점을 맞추어, 인류사 전체에 대해 객관적이고 탈중심적인 접근을 시도하고 있다.

이처럼 지구적 차원에서 역사를 이해하는 '글로벌 히스토리'를 '지구역사학'이라고 부른다면, '글로벌 사회학'도 '지구사회학'이라고 부를 수 있다. 마찬가지로 '지구종교학', '지구정치학'과 같은 명명도 가능하다. 이 글에서 말하는 '지구학'은 이런 학문들을 총칭하는 개념이다. 마치 조선후기에 '실학'이라는 새로운 학문적 흐름과 인식이 생겨났듯이, 서구학계에서도 1990년대부터 '지구학'이라고 불릴 만한 새로운 학문 조류가 시작되고 있었다. 하지만 국내에서는 아직 지구학이라는 명칭이 본격적으로 사용되고 있지는 않다. 해외에서도 '글로벌'이라는 수식어는 붙이고 있지

---

19   조지형, 위의 논문, 205쪽.
20   조지형, 「지구사란 무엇인가」, 『서양사론』 92, 2007, 305쪽.

만, 지구사를 제외하면 주로 사회과학과 같은 일부 분야에서만 사용되고 있을 뿐이다.

그래서 서양의 지구학 연구는 주로 지구화로 인해 대두된 지구적 이슈 (global issue)에 초점이 맞춰져 있다. 가령 일리노이대학의 지구학 센터장을 역임했던 에드워드 콜로드지(Edward Kolodziej)는 지구학의 연구와 실천에 적합한 지구적 이슈로, 대량살상무기 확산, 생태적 재앙, 바이러스 감염, 인권 등을 지적한다.[21] 특히 최근에 들어서는 지구학 관련 학회나 연구소의 주된 관심이 코로나19 팬데믹으로 이어지고 있다. 이처럼 서양의 지구학 연구는 팬데믹이나 생태문제와 같이 지구적 차원의 문제를 논의하고 대응책을 마련하는 것을 목표로 하고 있다.

지구인문학의 제안

지구사 연구자 콘라드가 제기한 유럽중심주의에 대한 비판을 밀고 나가면, 종래의 사회과학 중심의 지구학도 여전히 인간중심적이라는 한계가 있다. 거기에서 논의되고 있는 지구성(globality) 개념에는 인간 이외의 존재들은 배제되어 있기 때문이다. 실제로 역사학자 디페시 차크라바르티는 지구화 이야기가 본질적으로 인간중심적이라고 지적하면서,[22]

---

21 Patricia J. Campbell, Aran MacKinnon and Christy R. Stevens, *An Introduction to Global Studies*, Oxford: Wiley-Blackwell, 2010, p.3.

22 Dipesh Chakrabarty, "The Human Condition in the Anthropocene", *The Tanner*

지구시스템이 인간만을 위한 것이 아님을 깨닫기 위해서는 인간중심주의적(homocentric, anthropocentrism) 사고에서 생명중심적(zoecentric, non-anthropocentrism) 사고로 전환해야 한다고 주장한다.[23]

이와 같이 인간과 국가 중심의 근대적 인문학의 한계를 뛰어넘어 지구적 차원의 인문학을 모색하자는 취지에서 이 책에서 제안하는 개념이 '지구인문학'이다. 지구인문학은 지구를 하나의 공동체로 인식하고, 인간 이외의 존재들도 '지구공동체'의 구성원으로 간주하여 인문학의 대상으로 삼는 학문분야를 말한다. 지구인문학 연구는 2020년 4월에 원광대학교에서 시작된 "지구인문학 읽기 모임"에서 출발하였다. 그리고 이 모임에 참여한 조성환은 2020년 6월에 쓴 논문 「현대적 관점에서 본 천도교의 세계주의: 이돈화의 지구주의와 지구적 인간관을 중심으로」에서 "지구화 시대의 지구인문학"이라는 표현을 사용하였다.[24]

이러한 의미의 지구인문학에 가장 걸맞은 학자는 토마스 베리(1914~2009)이다. 이미 1970년대부터 자신을 '지구학자'(geologian)라고 자칭한 그는,[25] 지금까지의 학문은 모두 인간이 지구를 착취하기 위한 수단으로

Lectures in Human Values, Yale University, February 18-19, 2015, p.141.

23 위의 글, pp. 165-167.

24 『원불교사상과 종교문화』 84, 2020, 87쪽.

25 One event that marked this shift took place as he flew back from a conference in the Seychelles in 1978. Flying 30,000 feet above the Nile River and reflecting on the depths of evolutionary time, he came to call himself a "geologian." Mary Evelyn Tucker, John Grim, and Andrew Angyal, _Thomas Berry: A Biography_, New York: Columbia University Press, 2019, p.120.

연구되었다고 비판하면서, 지구와의 공생을 위해 지구를 연구할 때가 왔다고 제창하였다. 아울러 지구를 착취의 대상이 아닌 사귀어야 할 주체로 인식해야 한다고 주장하면서, '생태대'(Ecozoic Era)라는 새로운 시대 개념을 제안하였다.[26] 인간은 지구생태계의 일부이며 지구라는 우주선(우주선 지구) 안에서 다른 존재들과 조화롭게 살아가야 한다는 것이다.[27] 이런 의미에서 그는 '지구공동체'(Earth Community) 개념을 제시하였는데,[28] 지구공동체는 인간·비인간, 생명·무생명을 포함하고 있다는 점에서 시인 김지하가 사용한 '우주적 공동 주체' 개념과도 일맥상통한다.[29]

또한 토마스 베리는 지구공동체 개념에 입각하여 인간 이외의 존재들의 생존권을 보장하는 '지구법'(Earth Jurisprudence)을 제창하였는데,[30] 이 제안은 최근에 현실화되었다. 뉴질랜드에서는 2017년 3월에 전 세계 최초로 강(river)에다 인간과 동등한 법적 권리를 부여하였다. 왕거누이 강의 오염을 우려한 뉴질랜드 의회와 원주민 마오리족이 합작해서 지구법

26 토마스 베리, 『토마스 베리의 위대한 과업: 미래로 향한 우리의 길』, 이영숙 옮김, 대화문화아카데미, 2009, 10쪽. 이하, '토마스 베리, 『위대한 과업』'으로 약칭.

27 어빈 라슬로, 「우리, 지구 우주선의 탑승자들」, 『지속 가능한 미래: 세계적인 석학에게 인류의 마지막 대안을 묻다』, 21세기북스, 2017, 175-176쪽.

28 토마스 베리, 『지구의 꿈』, 맹영선 옮김, 대화문화아카데미, 2013, 제2장 "지구공동체(The Earth Community)". 이하, '토마스 베리, 『지구의 꿈』'으로 약칭.

29 김지하, 『흰 그늘의 미학을 찾아서』, 실천문학사, 2005, 274쪽.

30 Mary Evelyn Tucker and John Grim, "Thomas Berry and the Rights of Nature," in *KOSMOS*, Winter 2019. (https://www.kosmosjournal.org/kj_article/thomas-berry-and-the-rights-of-nature/)

을 통과시킨 것이다.[31] 이러한 흐름을 반영하여 최근에 한국에서도 강금
실 전 법무부장관을 중심으로『지구를 위한 법학: 인간중심주의를 넘어
지구중심주의로』가 출간되었다.[32]

한편 인류학 분야에서도 종래의 인간 중심의 인류학을 넘어서서(beyond)
지구인문학적 차원의 인류학이 시도되고 있다. 인류학자 에두아르도 콘
(Eduardo Kohn)이 2013년에 쓴『숲은 생각한다』[33]가 그것이다. 원제는
"How Forests Think: Toward an Anthropology Beyond the Human"인데,
부제 '인간 너머의 인류학으로'에서 인간 이외의 존재들도 사유 능력이
있음을 보여준다. 그런 의미에서 인간 중심의 인류학을 넘어서는 인류학
을 시도하고 있다고 평가할 수 있고, 지구인문학적 관점에서 보면 '지구
인류학'이라고 명명할 수 있다.

이처럼 현대 학문은 인간중심주의를 극복하고 지구공동체주의로 나
아가기 위한 다양한 시도가 행해지고 있다. 지구인문학도 지구를 하나의
공동체로 생각하는 '지구살림학'을 지향한다는 점에서, 단지 문사철에만
국한되지 않고 지구법학이나 지구인류학, 또는 지구정치학이나 지구종
교학, 지구평화학과 같은 다양한 학문 영역이 들어올 수 있다.

---

31 〈뉴질랜드, 자연 훼손하면 상해죄…'지구법', 한국은?〉,《JTBC 뉴스》, 2017.04.15.
    (https://news.jtbc.co.kr/article/article.aspx?news_id=NB11454929&pDate=20170415)
32 강금실 외,『지구를 위한 법학: 인간중심주의를 넘어 지구중심주의로』, 서울대학교출
    판문화원, 2020.
33 에두아르도 콘,『숲은 생각한다』, 차은정 옮김, 사월의책, 2018.

오늘날 인류가 직면한 기후변화라는 지구적 위기는 인간이 산업 활동을 무분별하게 진행하면서 지구시스템을 교란시킨 결과이다. 기후붕괴와 생물대멸종이 임박한 현재의 급박한 위기에서 벗어나기 위해서는 지구적 전환이 필요하고, 지구적 연대 즉 지구공치(地球共治)가 요청된다. 아울러 인간 중심의 '인간세'에서 지구 중심의 '지구세'로의 전환이 요구된다. 지구인문학은 이러한 시대적 요청에 부응하는 인문학이다.

2.
한국사상과
지구인문학

홍대용의 지구인문학

홍미롭게도 지금까지 소개한 지구인문학적 관점은 한국철학 안에서
도 발견할 수 있다. 가령 조선 초기의 유학자 추만 정지운과 퇴계 이황은
중국의 「태극도(太極圖)」에서 한 걸음 더 나아간 「천명도(天命圖)」를 제작
하였다. 「태극도」가 태극에서 음양오행을 거쳐 만물이 분화되는 과정을
도식화한 '만물생성도'라고 한다면, 「천명도」는 우주를 하나의 '원'으로
도상화하고,[34] 그 안에다 지구의 구성원인 인간과 만물을 자리매김하고
있다는 점에서 토마스 베리가 제창한 지구공동체를 시각화한 것으로 볼
수 있다.

물론 이들은 유학자이니만큼 '도덕'을 기준으로 인간과 만물의 존재론
적 위계를 설정하고 있다는 점에서는 여전히 인간중심적이다. 그래서 기
(氣)가 맑은 인간은 「천명도」의 중앙을 차지하고 있고, 기(氣)가 탁한 동
식물은 땅에 속박된 주변적 존재로 그려지고 있다. 또한 추만과 퇴계에

---

34 이 점에 대해서는 도상학(圖像學)을 연구하는 이원진 선생으로부터 계발을 받았다.

게는 아직 "땅은 구형이다"라고 하는 지구(地球) 관념은 부재하였다. 이들은 어디까지나 '천원지방'(天圓地方)이라고 하는 전통적인 천지 모형을 따르고 있었다. 이러한 전통적인 천지 관념이 깨진 것은 조선후기에 서양의 천문학적 지식을 흡수하면서부터이다. 대표적인 인물이 북학파 실학자로 알려진 담헌 홍대용(1731~1783)이다.

홍대용은 『의산문답』(醫山問答)에서 서양의 천문학적 지식을 바탕으로 지구구형설과 지구자전설 등을 주장하며, "세계의 중심은 없다"고 하는 탈중화주의를 선언하였다. 나아가서 인간과 비인간의 존재론적 균형을 지향하는 인물균(人物均) 사상도 주장하였다. 이러한 요소들은 홍대용의 철학을 지구인문학적으로 해석할 수 있는 가능성을 보여준다. 구체적으로는 다음과 같다.

지구중심주의

국문학자 박희병이 일찍이 지적하였듯이, 홍대용은 지구를 단순한 땅덩어리가 아니라 '활물(活物)', 즉 살아 있는 유기체로 본다.[35]

> 실옹이 말하였다: 지구는 생명체이다.[36]

---

35 박희병, 「한국의 전통적 생태사상과 평화주의: 홍대용의 경우」, 『통일과 평화』 4집 2호, 2012, "Ⅲ. 활물(活物)로서의 지구: 존물적(尊物的) 관점," 7쪽.

36 地者活物也. 『의산문답』, 118쪽. 이 글에서 인용하는 『의산문답』의 원문과 번역은 홍대용, 『의산문답』, 김태준·김효민 옮김, 지식을만드는지식, 2011에 의한다. 번역은 필요에 따라 수정하였다.

실옹이 말하였다: 대저 지구는 우주의 생명체이다. 흙은 지구의 피부와 살이고, 물은 지구의 정액과 피이며, 비와 이슬은 지구의 눈물과 땀이고, 바람과 불은 지구의 혼백과 혈기이다. 그래서 물과 흙이 안에서 빚고, 해와 햇볕이 바깥에서 구우며, 원기(元氣)가 모여서 여러 생물들이 무성하게 자라는 것이다. 초목은 지구의 털과 머리카락이고, 사람과 짐승은 지구의 벼룩과 이이다.[37]

여기에서 실옹(實翁)은 『의산문답』에서 홍대용의 입장을 대변하는 가상적 인물이다. 실옹에 의하면 지구는 인간이나 동물과 같은 살아 있는 생명체이다. 구체적으로는 흙, 물, 비, 이슬, 바람, 불, 풀, 나무, 사람, 짐승을 각각 지구라는 신체를 이루는 피부, 살, 정액, 피, 눈물, 땀, 혼백, 혈기, 털, 머리카락, 벼룩이라고 말하고 있다. 다시 말하면 산천초목이나 지수화풍과 같은 자연물들은 지구라는 유기체를 이루는 구성원들이라는 것이다. 박희병이나 토마스 베리의 표현을 빌리면, "지구공동체의 일원"이자[38] "지구공동체의 구성원"에 해당한다.[39]

이러한 실옹의 관점은 허자(虛者)와는 대조적이다. 허자는 『의산문답』에서 전통적인 유학자를 대변하는 인물인데, 사람과 사물(동식물)의 차이를 묻는 실옹의 질문에 다음과 같이 대답하고 있다.

---

37 『의산문답』, 129-130쪽.
38 박희병, 앞의 논문, 7쪽.
39 토마스 베리, 『위대한 과업』, 126쪽.

실옹: 내가 그대에게 묻겠다. 그대의 몸이 사물과 다르다는 점에 대해서는 반드시 어떤 이론을 가지고 있지 않은가?

허자: 사람의 바탕에 대해 말하면 머리가 둥근 것은 하늘이고 다리가 네모난 것은 땅입니다. 피부와 머리카락은 산과 풀이고, 정액과 피는 강과 바다입니다. 두 눈은 해와 달이고, 호흡은 바람과 구름입니다. 그래서 사람의 신체는 소천지(小天地)라고 하는 것입니다. (『의산문답』 33쪽)

여기에서 허자는 인간의 신체를 이루는 머리, 다리, 피부, 머리카락, 정액, 피, 눈, 호흡을 각각 하늘, 땅, 산, 풀, 강, 바다, 해, 달, 바람, 구름에 비유하고 있다. 즉 신체의 일부를 우주를 구성하는 요소들에 빗대고 있는 것이다. 그리고 나서 신체를 소우주(小天地)라고 결론짓는다. 이것은 일견 앞에서 본 실옹의 비유와 유사해 보인다. 그러나 자세히 살펴보면 그 방향은 정반대임을 알 수 있다. 왜냐하면 인간을 기준으로 천지를 이해하고 있기 때문이다. 그래서 우주는 인간의 확장판이 된다. "사람의 신체가 소천지"라는 말을 뒤집으면 "천지는 거대한 인간의 신체"가 되기 때문이다.

그 단서는 맨 첫머리에 나오는 천원지방(天圓地方)에서 찾을 수 있다. "사람의 머리가 둥근 것은 하늘이고 다리가 네모난 것은 땅이다"는 말은 "땅은 구형이다"라고 하는 지구설(地球說)을 믿는 실옹의 입장에서는 인간중심적인 발상이다. 즉 "인간의 머리가 둥글고 다리가 네모나다"는 사실을 무비판적으로 하늘과 땅에 적용한 결과이다. 그 뒤에 이어지는 비유도 마찬가지이다. 인간의 신체를 이루는 구성 요소들을 가지고 하늘과 땅의 구성 요소들을 이해하고 있다. 그래서 "사람의 신체는 소우주이다" 는 말은 결국 "인간이 우주의 중심" 내지는 "인간이 우주의 척도"라는 말에 다름 아니다.

이에 반해 실옹은 정반대의 비유를 취하고 있었다. 즉 지구를 중심으로 인간과 만물을 이해하였다. 그래서 "사람과 동물은 지구의 '벼룩'과 '이'이다"라는 비유가 나온 것이다. 지구는 인간의 확장판도 아니고, 인간은 지구의 축소판도 아니다. 지구 자체가 하나의 독립적인 생명체이고, 그것에 부수적인 요소로서 인간이 있을 뿐이다. 이것은 허자의 인간중심주의에 대해서 '지구중심주의'라고 명명할 수 있다.

지구적 관점

실옹의 지구중심주의에 의하면, 지구공동체의 구성원들은 하늘의 햇볕과 땅의 물 그리고 원기(元氣)의 도움으로 살아간다("물과 흙이 안에서 빚고, 해와 햇볕이 바깥에서 구우며, 원기(元氣)가 모여서 여러 생물들이 무성하게 자라는 것이다."). 그런 점에서 만물은 하늘과 땅의 생성물에 다름 아니다("사람과 사물의 탄생은 천지에 뿌리를 두고 있다").[40] 이러한 생각은 일견 전통 유학과 크게 다르지 않아 보인다. 왜냐하면 성리학을 체계화한 12세기의 주자학에서도 "천지가 만물을 낳는다"(天地生物)고 말하고 있기 때문이다.

그런데 실옹이 이들과 다른 점은 바로 이러한 이유 때문에 "인간과 만

---

40 人物之生, 本於天地. 『의산문답』, 30쪽.

물 사이의 존재론적 위계를 설정할 수 없다"고 보는 데에 있다. 즉 인간이든 동식물이든 하나같이 물과 흙과 해와 햇볕과 원기의 도움을 받아서 살아가는 의존적 존재라는 점에서는 마찬가지라는 것이다. 이러한 생각은 앞의 인용문에서 사람과 짐승을 지구의 '벼룩'과 '이'에 비유하는 점으로도 확인할 수 있다.

이러한 인물(人物: 사람과 만물)평등론은 '인물균'(人物均) 사상이라고 불리는데, 주목할 만한 점은 홍대용이 인물균의 근거를 '하늘'의 관점이라고 말하고 있다는 점이다.

> 오륜과 오사(五事)는 사람의 예의이고, 무리지어 다니면서 서로 먹이는 것은 금수의 예의이며, 수북하게 자라면서도 평안하고 느긋한 것은 초목의 예의이다. 사람의 눈으로 사물을 보면 사람은 귀하고 사물은 천하며, 사물의 눈으로 사람을 보면 사물은 귀하고 사람은 천하다. 하늘에서 보면 사람과 사물은 균등하다(自天而視之, 人與物均也).[41]

여기에서 "하늘에서 본다"는 것은 비유적으로 말하면, 지구 위에서 내려다보는 시선이라고 할 수 있다. 내용적으로는 인물균의 관점을 말한다. 즉 인간의 입장에서 만물을 바라보는 것이 아니라, 만물의 입장에서 만물을 이해하는 관점을 말한다. 에두아르도 콘의 『숲은 생각한다』의 예로 말하

---

41 『의산문답』, 35-36쪽.

면, 인간이 아닌 '숲'의 입장에서 숲들이 어떤 식으로 생각하는지를 이해하려는 태도이다.

이런 관점을 지구인문학적으로 표현하면, '지구적 관점'(global view)이라고 할 수 있다. '지구적 관점'이란 지구 전체의 시각에서 사물을 바라보는 관점을 말한다. 지구 전체의 시각에서 보면, 인간은 다른 존재들과 마찬가지로 지구에서 태어나고 지구에서 자라는 지구공동체의 일원에 불과하다(人物之生, 本於天地). 따라서 이러한 관점에서는 인간중심주의가 들어설 자리가 없다.

중국을 지방화하기

홍대용은 이러한 지구적 관점을 근거로 종래의 중화주의에서 벗어나고 있다. 디페시 차크라바르티 식으로 말하면[42] "중국을 지방화"(provincializing China)하고 있는 것이다. 예를 들면 다음과 같다.

술수학자들의 지리멸렬함과 허망함은 (하늘을 12개로 구획하는) 분야설(分野說)에서 극에 달했다. 무릇 지구는 우주에 비하면 작은 티끌에 지나지 않으며, 중국은 지구에 비하면 십 몇 분의 일에 불과하다. 전 지구를 별자리에 배속시키는 것은 있을 수 있지만, 중국의 구주(九州)를 무

---

42   디페시 차크라바르티, 『유럽을 지방화하기: 포스트식민 사상과 역사적 차이』, 김택현 · 안준범 옮김, 그린비, 2014.

리하게 별들에 대응시켜 견강부회하여 길흉을 살피는 것은 망령되고 망령됨이 말할 것이 못 된다.[43]

여기에서 홍대용은 중국 전역을 천문(天文)에 대응시키는 '분야설'을 예로 들면서, 중국을 중심으로 우주를 이해하는 중국중심적 우주론을 신랄하게 비판하고 있다. 지구 전체를 천문에 대응시키는 것은 가능하지만, 지구의 한 지방에 불과한 중국을 천문 전체에 대응시키는 것은 이치에 맞지 않는다는 것이다.

지구적 관점에서 보면 종래의 중화와 오랑캐의 구분도 성립하지 않는다. 허자는 전통적인 화이관(華夷觀)을 따르는 인물로, "공자가 『춘추』를 지어서 중국을 안으로[內] 여기고 오랑캐를 밖으로[外] 삼아서, 중화와 오랑캐를 엄격하게 구분했다"고 생각하였다.[44] 이에 대해 실옹은 다음과 같이 반박한다.

하늘이 낳고 땅이 기르는 것이라면 모두 혈기를 가지고 있고 똑같이 사람이다. 무리 중에 뛰어나서 한 지역을 다스리는 것이라면 똑같이 군왕이다. 문을 겹겹이 세우고 해자를 깊이 파서 국경을 굳게 지키는 것이라면 똑같이 나라이다. (중국에서) 장보나 위모를 쓰는 것이나 (오랑캐가)

---

43   『의산문답』, 81쪽.

44   『의산문답』, 147쪽.

문신을 새기고 이마에 그림을 새기는 것은 똑같이 습속이다. 하늘에서 보면 어찌 안과 밖의 구분이 있겠는가! 각자 자기 사람을 친히 여기고, 각자 자기 임금을 존중하며, 각자 자기 나라는 지키고, 각자 자기 풍속을 편안히 여기는 것은 중화나 오랑캐나 마찬가지이다.[45]

여기에서 실옹은, 만물의 관점을 바탕으로 '인물균'을 주장했듯이, 만국의 관점에서 '화이균'(華夷均)을 말하고 있다. 각 나라의 관점에서 보면 중화니 오랑캐니 하는 구분이 있을 수 없다는 것이다. 그래서 비록 중화와 오랑캐라는 종래의 개념 용어는 사용하지만, 실제는 양자를 가치적으로 구분하는 것은 아니다. 이러한 관점을 지구인문학적으로 말하면 지구사(global history)적 관점이라고 할 수 있다. '중화주의적 세계사'가 아니라 '만국주의적 지구사'인 것이다.

홍대용은 중국을 지방화하는 데에서 한 걸음 더 나아가서 지구조차도 여러 별 중의 하나로 지방화한다.

별들의 세계에서 보면 지구 또한 하나의 별일 뿐이다. 무수한 별들의 세계가 우주에 흩어져 있는데, 유독 지구만이 중심에 있다고 하는 것은 이치에 맞지 않는다. 그래서 (뭇 별들은) 모두 세계가 아닌 것이 없고, 모두 회전하지 않는 것이 없다. 여러 세계들이 보는 것이나 지구에서 보

---

45   『의산문답』, 149쪽.

는 것은 같아서, 각자가 각 별과 여러 세계들의 중심이라고 말한다. 예를 들어 "칠정(七政)이 지구를 둘러싸고 있다"는 것은 지구에서 보면 과연 그렇다. 그래서 "지구가 칠정의 중심이다"라고 말할 수 있지만, 그렇다고 해서 "지구가 뭇 별들의 중심이다"라고 말하는 것은 우물 안 개구리와 같은 견해다.[46]

여기에서 홍대용은 각 별들의 관점에서 보면 "모두가 중심이다"고 하는 일종의 '전(全) 중심주의'를 전개하고 있다. 이것은 지구적 관점에 대해서 '우주적 관점'이라고 할 수 있다.

이상의 홍대용의 사유에서 두드러지는 점은 중심과 주변이라는 도식이 아니라 전체(一)와 부분(多)의 도식이다. 여기에서 전체는 지구나 우주를 말한다. 지구라는 전체에서 보면 인간과 만물은 부분일 뿐이고, 우주라는 전체에서 보면 지구 역시 부분일 뿐이다. 그래서 홍대용에게는 중심적 사고보다는 지구적 사고 내지는 우주적 관점이 두드러지게 된다.

한편 홍대용에 이어서 기학자(氣學者)로 알려져 있는 최한기도 『기학』(氣學, 1857)과 『지구전요』(地球典要, 1857)에서 사유의 중심을 중국에서 지구로 전환시켰다. 『지구전요』 서문에서는 다음과 같이 말하고 있다.

대저 사람이 지구에서 공생하면서 회전에 의지하고, 기화(氣化)를 타고

---

46 『의산문답』, 60-61쪽.

서 평생을 지내는 것은 예나 지금이나 마찬가지이다.

(夫人共生於地球之面, 資旋轉而乘氣化, 以度平生, 古今無異.)[47]

여기에서 최한기는, 마치 홍대용이 "사람은 지구에 뿌리를 두고 산다"(人物之生, 本於天地)고 했듯이, "사람은 지구에서 함께 산다"(人共生於地球)고 하는 '지구공생'을 말하고 있다. 사유의 지평이 전통 유학의 중화나 천하에서 지구로 확장되고 있는 것이다. 그런 점에서 최한기의 기학(氣學)은 '지구기학' 내지는 '지구유학'이라고 명명할 수 있다.

이상의 고찰로부터 알 수 있는 사실은, 현대 서양의 지구인문학이 서구중심주의를 극복하고 지구적 차원의 관점을 확보하기 위한 노력이라면, 홍대용이나 최한기의 기학은 중화중심주의를 극복하고 지구중심주의로 나아가기 위한 노력의 산물이었다는 점이다.

개벽종교의 지구인문학

혜강 최한기(1803~1879)와 동시대의 수운 최제우(1824~1864)는 1860년에 '동학'을 창도(唱道)하였다. 수운은 종래의 가치 체계를 "새로 정한다"(更定)는 의미에서 '다시개벽'을 제창하였는데, 수운의 개벽사상은 그 뒤로 해월 최시형(1827~1898)의 '물질개벽-인심개벽'으로 계승되고, 의암 손

---

47 번역은 김봉곤 박사님(전 원광대학교 원불교사상연구원)의 도움을 받았다.

병희(1861~1922) 시대에 이르면 '인여물개벽설'(人與物開闢說)로 발전되며, 『개벽』이 창간되었다(1920). 동학·천도교의 개벽사상은 이후에 원불교로 이어지는데, 원불교의 특징은 "물질이 개벽되니 정신을 개벽하자"는 슬로건에 나타나 있듯이, 물질개벽과 정신개벽의 조화를 지향한다는 점에 있다. 이처럼 동학·천도교와 원불교는 하나같이 '개벽'을 슬로건으로 하고 있다는 점에서 '개벽종교'라고도 불리는데, 이하에서는 이들 개벽종교에 보이는 지구인문학적 요소를 고찰하고자 한다.

동학·천도교의 지구인문학

해월 최시형은 수운 최제우의 개벽사상을 이어받아 종래의 도덕 개념을 윤리도덕에서 생태도덕으로 전환시켰다. 여기에서 '윤리도덕'이란 신분제도와 혈연주의에 바탕을 둔 인의예지의 사회적 질서를 말한다. 반면에 '생태도덕'은 만물이 생태적으로 얽혀 있다는 존재론적 원리에 입각한 상호존중과 만물평등의 윤리를 말한다. 그래서 최시형의 생태도덕에서는 신분과 혈연의 차등이 부정되고 인간과 사물의 위계가 사라진다.

이 점을 잘 보여주는 사상이 최시형의 '천지부모-만물동포론'과 기화론(氣化論)이다. 최시형은 인간과 만물의 존재론적 근거를 천지, 즉 지구에 두면서, 모든 존재는 지구라는 포태(胞胎) 안에서 살고 있는 자식과 같다고 하였다. 그리고 이러한 우주론을 바탕으로, 인간과 만물은 존재론적 위계가 없고, 모두가 지구의 자식이라는 점에서 동포에 다름 아니며, 인간은 물론이고 사물까지도 하늘처럼 존중해야 한다는 경인(敬人)과 경물(敬物)의 윤리를 설파하였다. 이것은 지구를 하나의 공동체로 인식하고,

그 안에서 살고 있는 모든 존재의 상호의존성에 주목하여 지구적 차원의 '지구윤리'를 말하고 있다는 점에서 지구인문학이라고 할 만하다.

한편 1910년대에 이르면 동학의 '하늘' 관념이 '한울'로 변화된다. 즉 하늘님의 명칭이 '하늘님'에서 '한울님'으로 바뀌게 된다.[48] 이에 따라 천도교 이론가인 야뢰 이돈화(1884~1950)는 한울 관념을 철학화하였다.[49] 이돈화에 의하면, 한울이란 우주 전체가 '하나의 울타리'라는 의미로, 일종의 '우주공동체' 개념에 해당한다. 그런데 이돈화에게 있어 한울은 우주 전체의 명칭이자 동시에 우주 안에 내장된 '생명적 활력'을 가리키기도 한다. 그 이유는 우주가 한울이라는 생명력에 의해서 유기적으로 진화해 간다고 보기 때문이다. 하지만 그 근원을 따져 보면 이미 최제우나 최시형의 하늘 개념안에 천지(天地)와 함께 원기(元氣), 즉 생명력이라는 의미도 들어 있었다.

이러한 한울의 우주론에 의하면 만물은 한울의 '표현'이고,[50] 인간은 비록 고도로 진화된 생명체이기는 하지만 우주의 일부분에 불과하며, 따라

---

48   이에 대해서는 조성환·이우진, 「ᄒᆞ늘님에서 한울님으로: 동학·천도교에서의 천명 (天名)의 변화」, 『대동철학』 100, 2022을 참고하기 바란다.

49   이하의 이돈화에 관한 논의는 조성환, 「현대적 관점에서 본 천도교의 세계주의: 이돈화의 지구주의와 지구적 인간관을 중심으로」, 『원불교사상과 종교문화』 84, 2020 참조.

50   "한울의 자율적 창조성으로 한울이 한울 스스로를 '표현'한 것이 만물인 것이다. (…) 그러므로 우주는 분산적 기계적인 상호운동이 아니요, 연쇄적 유기적인 본체 자율의 조화이다. 한울이라는 대자연의 유기적 진화운동이다." 이돈화, 『신인철학』, 천도교중앙총부, 1968, 30-31쪽.

서 우주(지구)를 떠나서는 살 수 없는 존재이다.[51] 하지만 인간은 한울이라는 우주의 무한한 생명력을 간직한 채 살아가고 있기 때문에 한울과 떼려야 뗄 수 없는 관계이고, 그런 의미에서 대아(大我)이자 무궁아(無窮我)이자 '한울아'라고 하였다.

이처럼 이돈화는 인간 존재를 문화공동체나 국가공동체보다는 지구공동체의 일원으로 규정하면서 '지구인'으로 자리매김하고 있다. 아울러 지구가 인간과 만물에서 차지하는 생태적 의미를 부각시킴과 동시에, 최시형의 경물(敬物) 도덕을 발전시켜 지구인으로서 지켜야 할 지구윤리까지 제안하고 있다.[52] 그런 의미에서 이돈화의 신인철학(新人哲學)은 최시형의 지구인문학을 계승 발전시키고 있다고 할 수 있다.

원불교의 지구인문학

천도교에 이어서 원불교(1916~)에서는 '일원(一圓)의 우주론'이 전개되는데, 일원은 우주만물이 근본적으로 '하나'라는 신념의 표현이다. 이러한 생각은 흔히 회통이나 융통이라는 말로 표현되는데, 원불교에서 특히

---

51 "나는 대우주의 무한한 시간 중의 이 현재, 무한한 공간 중의 이 지구에서 살고 있는 대우주 대생명(즉 한울)의 가장 고도로 발전된 일부분적 생명이다. 이 우주, 즉 한울을 떠나서 생겨날 수도 없고 살 수도 없는 나는 (…)." 김병제·이돈화, 『천도교의 정치이념』, 모시는사람들, 2015, 269쪽.

52 "이 우주, 즉 한울을 떠나서 생겨날 수도 없고 살 수도 없는 나는 마땅히 우주 만물을 사랑하고 아끼고 잘 기르고 잘 발전·향상시킬 의무를 가지고 있는 것이다." 위의 책, 269쪽.

강조하는 회통은 지구상의 모든 종교가 근원적으로 하나로 통한다는 종교 간 회통이다. 예를 들면 다음과 같다.

> 세계의 모든 종교도 그 근본 되는 원리는 본래 하나이나, 교문을 별립(別立)하여 오랫동안 제도와 방편을 달리하여 온 만큼 교파들 사이에 서로 융통을 보지 못한 일이 없지 아니하였나니, 이는 다 모든 종교와 종파의 근본 원리를 알지 못하는 소치라 이 어찌 제불 제성의 본의시리요.[53]

이러한 '종교융통론' 또는 '종교회통론'은 동아시아의 유불도 삼교(三敎)의 범위를 넘어서 지구상의 모든 종교[百敎]를 논의의 대상으로 삼으면서, 그것들 간의 차이와 갈등을 뛰어 넘어 대화와 소통의 가능성을 모색하고 있다는 점에서 동아시아적 '지구종교론'이라고 할 수 있다.

한편 원불교의 회통과 융통 개념을 사용하면, 동학·천도교는 '생명회통론'을 설파하였다고 할 수 있다. 그 이유는 지구상의 모든 존재는 일기(一氣)나 원기(元氣) 또는 지기(至氣)나 한울과 같은 우주적 생명력으로 서로 연결되어 있다고 보기 때문이다. 여기에서 만물의 상호연결성이 확보되는데, 이것은 마치 지구화시대에 과학기술로 인해 만물이 하나로 연결되고 있는 것과 유사하다. 원불교의 경우에는 이러한 상호연결성의 의존

---

53   원불교 『정전』, 제1 총서편, 제2장 교법의 총설(敎法-總說).

적 측면을 강조하여 사은(四恩)을 말한다. 사은이란 천지은(天地恩)·부모은(父母恩)·동포은(同胞恩)·법률은(法律恩)으로, 우주-내 모든 존재는 천지와 부모, 동포와 법률(=진리와 규범)이라는 네 가지 유형의 은혜에 의해 존재하며 살아가고 있다는 사상이다. 사은은 일원과 더불어 원불교를 창시한 소태산 박중빈(1891~1943)의 핵심사상이다.

박중빈을 이은 정산 송규(1900~1962)는 1961년에 삼동윤리(三同倫理)를 발표하였는데, 삼동윤리란 동원도리(同源道理)·동기연계(同氣連契)·동척사업(同拓事業)으로, "한 울안 한 이치에, 한 집안 한 권속이, 한 일터 한 일꾼으로 일원세계 건설하자"라는 게송으로 표현되기도 한다. 여기에서 '한 울'은, 이돈화가 말한 '한울'과 상통하는 개념으로, "지구가 하나의 공동체이다"라는 사상을 나타낸다. 또한 삼동윤리에서 '동'(同)은 '하나'(一圓) 또는 '함께'를 의미한다. 동원도리는 "세상의 모든 진리는 하나"라는 뜻이고, 동기연계는 "만물은 하나의 기로 연결되어 있다"는 의미이며, 동척사업은 "하나 된 세계를 위해 함께 협력하자"는 말이다. 그런 의미에서 동(同)은 '회통'의 다른 말로 볼 수 있다. 동원도리는 진리의 회통성을, 동기연계는 존재의 회통성을, 동척사업은 윤리의 회통성을 각각 나타낸다. 또한 지구상의 모든 진리와 존재와 윤리에 공통되는 원리를 논하고 있다는 점에서, 동원도리·동기연계·동척사업은 각각 지구진리론, 지구존재론, 지구윤리론이라고 명명할 수 있다.

이처럼 동학·천도교와 원불교는, 홍대용이나 최한기와 마찬가지로, 중국 중심의 우주론과 윤리학을 탈피하여 지구적 차원의 우주론과 윤리학을 지향했다는 점에서 지구인문학으로 해석할 여지가 풍부하다. 또한 유럽 중심의 서구적 근대화 일변도가 아니라 자생적 근대화를 모색했다는 점에서, 글로벌(지구화)과 로컬(지역화)을 겸한 '글로컬 모더니티'(지구지역적 근대성)을 추구했다고 할 수 있다.

지구화 시대의 한국사상

지금까지 '지구화'라는 새로운 현상을 연구하는 지구학의 연구 동향을 살펴보고, 그 안에는 '지구인문학'이라고 부를 만한 학문 분야가 있음을 확인하였다. 그리고 그것을 바탕으로 한국의 근대철학, 그중에서도 특히 조선후기의 실학과 조선 말기의 개벽종교에서 지구인문학적 요소를 살펴보았다. 구체적으로 조선후기의 기학자(氣學者)인 담헌 홍대용은 『의산문답』(1766)에서 서양의 천문학적 지식을 바탕으로 지구구형설과 지구자전설 등을 주장하면서 "세계의 중심은 없다"는 탈중화주의를 선언하였다. 그 뒤를 이은 혜강 최한기도 『기학』과 『지구전요』에서 사유의 지평을 중국에서 지구로 확장시키고 있다. 이로부터 알 수 있는 사실은, 현대 서양의 지구인문학이 서구중심주의를 극복하기 위한 학문적 노력이었다면, 조선후기의 기학(氣學)은 중화중심주의를 극복하기 위한 노력의 산물이었다는 점이다.

동학에서 시작하여 천도교, 원불교에 이르는 근대 한국의 개벽종교에서도 지구학에서 사용하고 있는 '지구적 상상'(global imaginary)이나 '지구적 의식'(global consciousness)과 같은 개념을 찾을 수 있다. 해월 최시형의 천지부모 만물동포, 소태산 박중빈의 일원과 사은, 정산 송규의 '한 울안'

과 '삼동윤리', 천도교와 원불교의 사해일가(四海一家)나 세계일가(世界一家) 등이 그것이다. 이것들은 인간과 만물이 하나의 공동체를 이루는 세상을 지향한다는 점에서 토마스 베리의 지구공동체 개념과 상통한다.

한편 1994년에 김대중 당시 아태평화재단 이사장은 『포린 어페어스(Foreign Affairs)』에 기고한 영어 논문 「문화는 숙명인가?(Is Culture Destiny?)」에서 동학이나 불교와 같은 아시아적 가치를 언급하면서 '지구민주주의'(global democracy) 개념을 제창하였다. 그가 말하는 지구민주주의는 인간 이외의 존재에게도 생존권을 보장해주는 민주주의를 의미한다는 점에서, 동학의 최시형이 제시한 경물(敬物) 개념을 연상시키고, 최근에 대두하고 있는 '생태민주주의'[54]나 '지구법'과도 상통한다.

이처럼 한국철학 안에서도 지구인문학적 요소는 얼마든지 찾을 수 있다. 아니 어쩌면 서양보다 더 풍부할 것이다. 왜냐하면 자연과 인간의 분리라는 근대화 테제가 동아시아에서는 최근 100여 년에 들어서야 본격적으로 진행되었기 때문이다. 그 전까지는 천인합일이나 천인상생과 같은, 토마스 베리 식으로 말하면 "지구와 인간이 상호 이익을 증진시키는" 천인관(天人觀)이 지배적이었다. 오늘날 우리가 동아시아와 한국의 전통 철학에 주목해야 하는 이유는, 그 안에 서구적인 근대 개념이 있어서가 아니라, 지구위기 시대에 요청되는 지구인문학적 요소가 풍부하기 때문이다.

---

54 가령 로이 모리슨(Roy Morrison), 『생태민주주의』, 노상우 옮김, 교육과학사, 2005.; 구도완, 『생태민주주의: 모두의 평화를 위한 정치적 상상력』, 한티재, 2018 등이 있다.

The discovery of planetary humanities

제2장

두 사건에서 보는
지구적 전환

—담헌 홍대용과 브뤼노 라투르

이원진

이 장에서는 지구와 지구 존재자에 대한 관계 재설정을 통해 만물의 사회정치적 질서를 혁신시킨 동서양의 두 명의 사상가를 검토한다. 먼저 조선 후기의 기학자 홍대용은 김석문으로부터 수용한 '지전설'과 '무한우주론'을 바탕으로, 당시 낙론계에서 전개하고 있던 인물성동론과 성범심동론을 접합시켜, '인간과 사물이 하나'라는 혁명적인 만물평등론을 전개하였다. 또한 정치학적으로는 중국과 이민족이 모두 하나라는 '화이일야'(華夷一也) 사상으로 중화중심주의에서 빠져나오는 계기를 마련한다. 이처럼 지구의 위상에 대한 관점 변화는 사람과 자연 존재자의 연결망을 변혁하는 거대한 정치생태적 변화를 예고하는데 커다란 역할을 하였다. 이는 지구의 움직임을 관찰해서 얻은 시선 및 관점의 '차이'의 발견이 가져다 준 전체성의 해체 그리고 '부분'적 연결의 되살아남이다.

한편 브뤼노 라투르는 온전한 전체성을 지닌 객관적 과학으로서의 지구에서 벗어나, 부분으로서도 충족적인 대지로서의 지구로 관점 전환을 요구한다. 그가 제시하는 지구(globe)에서 대지(terrestrial)로, 지오(geo)에서 가이아(gaia)로 향하는 지구에 대한 관점 전환은 인류세를 맞아 인류가 새로운 공간 개념으로 이동해야 함을 의미한다. 그런 점에서 그는 코로나가 발생한 2020년에 문을 연 '임계영역'(CZ) 공간에서 전체가 아닌 부분으로서의 지구를 실험 중이다. 이곳은 지구의 얇은 층 속에서 일어나고 있는 미생물 수프와 같은 가이아 안의 지구 속 공생자들 간 네트워크를 관찰하고 연구하고 대중에게 알리고 예술 작품화하는 민감성 높은 '사고 전시' 공간이다.

두 사상가의 지구적 관점 전환은 동서양과 250여 년의 시간차를 두고 일어난 일이지만, 우리가 사는 지구에 대한 관점 전환이 일으킬 수 있는 사회정치적 혁신을 주장한다는 점에서는 동일한 입장에 있다. 라투르의 지구적 전환이 고대 코스모스에서 갈릴레오 사건이 일으킨 서구 근대 과학적 지구에서 다시 인류세 시대의 지구중심적 사고로 돌아온 신코스모스로의 이동이라면, 홍대용이 일으킨 지구적 전환은 고대 천인합일(天人合一), 천원지방(天圓地方)이라는 고전적 코스모스에서 인간-자연의 구분을 없앤 '천인물합일'(天人物合一) 코스모스로의 이동이다. 이 두 사건의 비교는 인류가 과연 어떤 지구를 상상할 수 있는가에 대한 통찰을 준다.

홍대용의
자전설과 관점주의

홍대용에게 일어난 사고의 전환: 인물균

2021년 3월 국립중앙박물관 기획전시실에서 〈한겨울 지나 봄 오듯: 세한(歲寒)·평안(平安)〉 특별전이 열렸다. 전시장에 들어서자마자 거대한 스크린의 흑백 영상이 관객을 맞는다. 을씨년스런 제주 바다의 파도와 바람, 울창한 솔숲 속에서 쉬지 않고 줄을 잣는 거미가 병렬 스크린에 각각 투사되며 거칠지만 시적이고, 척박하지만 비옥한 자연을 드러낸다. 거기서 우리는 추사 김정희(1786~1856)가 말년에 제주도 귀양살이를 하며 〈세한도〉를 남기기 전 유배지에서 느꼈을 오랜 고독과 자연 교감을 7분간 느낄 수 있다. 〈세한의 시간〉(Winter Time)이라는 프랑스 출신의 미디어 아티스트 장-줄리앙 푸스의 작품은 당시 〈세한도〉를 그린 김정희가 느낀 자연과의 연결망을 우리에게 제안한다.[1]

한편 국악그룹 '이날치 밴드'는 환경단체 그린피스의 의뢰로 자신의 수

---

1   강혜란,〈프랑스인이 재해석한 14m 세한도 "무인도 같은 고독에 공감"〉,《중앙일보》2020.12.01. (https://news.joins.com/article/23933555)

58 | 어떤 지구를 상상할 것인가

프랑스 미디어 아티스트 장-줄리앙 푸스의 작품 〈세한의 시간 Winter Time〉(감독 및 촬영: 장 줄리앙 푸스 Jean-Julien Pous, 2020, 상영시간 7분) 중 캡쳐 화면(출처: 국립중앙박물관)

궁가 앨범의 〈의사줌치〉를 개사해, 후쿠시마 오염수 137만 톤이 바다에 방류된 사실을 알리는 2분짜리 동영상 〈후쿠시마 의사줌치 feat.그린피스〉[2]를 발표했다. 이날치 밴드는 〈범 내려온다〉라는, 17세기 판소리 〈수궁가〉를 힙(hip)하게 개작한 한국관광공사 홍보영상으로, 2020년 전 세계 2억 뷰를 넘기는 쾌거를 달성한 밴드다. 이 그룹과 합작하는 앰비규어스 댄스 컴퍼니 무용수들은 후쿠시마 뒷산의 토끼가 돼서 바다와 함께 신음하는 지구 행위자들의 막춤을 흥과 한의 몸짓에 담아낸다.

---

2 https://www.youtube.com/watch?v=0EZask07iF0

이러한 사례에서 볼 수 있듯이 현대 문화 현상은 이미 인간과 접하고 있는 지구 존재자들의 연결망을 새롭게 상상하며 재구축하고 있다. 인간과 비인간이 서로 손잡고 공동 연주를 하고 있는 것이다. 그런데 흥미롭게도 이들이 다시 소환하는 문화적 원형은 한국의 전통문화다. 〈세한도〉가 그렇고, 판소리 〈수궁가〉가 그렇다. 한국의 전통에서 어떤 요소가 특별하기에 21세기 인류세 시대의 문화 창작자가 참조하는 걸까? 오늘날 인류학이나 신유물론 전통에서 논의되는 '지구 존재자들의 동등한 연결'은 어쩌면 조선 유학에서 인간과 비인간의 본성이 같은가 다른가를 물은 '인물성동이론'(人物性同異論)을 논의할 때 이미 배태했던 생각이 아닐까?

이렇게 연원을 거슬러 가다 보면 인물성동론(人物性同論)을 인간과 비인간의 차이를 없앤 인물균(人物均) 사상으로 발전시켰던 18세기 북학파 홍대용(洪大容, 1731~1783)을 만날 수 있다. 이것은 조선판 '존재론적 평등론'의 원조격이라고 말할 수 있다. '인간과 비인간이 균등하다'라는 파격적 주장을 했던 홍대용은 어떤 사고의 전환을 통해 이런 결론에 이르게 된 것일까?

홍대용이 전개한 사상의 핵심은 인간중심주의의 극복인 '인물균(人物均) 사상' 그리고 중화중심주의의 극복인 '화이일(華夷一)론'으로 요약된다. 그리고 그 이면에는 '지전설'과 '무한우주론'이라는 독특한 과학적 시각이 자리 잡고 있다. 이것들은 이후에 각각 북학파의 심성론과 정치외교론, 과학론으로 발전된다. 홍대용의 과학, 철학, 사회사상이 기존의 편협한 인간/중국 중심주의를 버리고, 하나의 세계관 안에서 존재의 동등성을 일관되게 제시할 수 있었던 것은 그가 학문적으로 낙론계(洛論係)에

속하면서도 자유분방하게 학술 활동을 전개했기 때문이었다.

홍대용이 활동했던 18세기 조선은 임진왜란과 병자호란의 충격에서 회복되긴 했어도 내적으로는 더욱 심한 갈등 국면에 접어들었다. 대외적으로는 청나라 중심의 국제질서가 자리 잡으며 북벌의 가능성이 사라졌다. 청나라의 눈부신 문화 발전은 조선의 지식인들에게 강력한 영향을 미쳤다. 또 대내적으로는 상업 발전을 매개로 하여 중인층이 크게 성장하고 있었다. 조선 사회를 주름잡던 화이관(夷狄觀)이나 신분제 등의 틀이 차츰 균열되어 간 것이다. 홍대용의 사상은 이런 시대적 상황과 청나라 견문 경험, 발전된 천문 과학기술 접견과 연구 등에 기반을 두고 탄생했다.

홍대용 사상은 당시 이런 사회적 흐름 속에 지구적 전환을 통해 도덕적인 성리학적 가치가 서서히 자연화되고 있었음을 증명하는 하나의 사례다. 실제로 『의산문답』에서 홍대용은 그 이전까지 유지하던 성리학적 가치 개념인 성(性), 리(理), 본연(本然), 순선(純善) 등을 과감하게 삭제하고, 만물을 기(氣)의 자발적 이합취산을 통해 생겨나는 존재로 설명한다. 기(氣)의 응취로 생겨난 땅을 살아 있는 활물(活物)이라고 말하면서, 종래에 만물을 낳고 천리를 부여하던 하늘[天]의 역할을 땅[地]으로 옮겨온다.[3]

그러면 이 중에서 먼저 당시 사회에서 일어나고 있던 과학 지식의 변화를 살펴보자.

---

3   곽혜성, 「담헌 홍대용의 탈성리학적 사상의 형성: 이기심성론에 따른 물(物)의 담론 변화를 중심으로」, 『철학·사상·문화』 29, 2019, 17쪽.

김석문의 지구적 전환과 중국중심주의 해체

홍대용 이전에 지전설을 주장했던 사람은 김석문(金錫文, 1658~1735)이다. 김석문의 우주론은 그가 40세에 작성한 『역학도해』(易學圖解)에 그림과 글로 상세히 정리되어 있다. 조선의 역학사(易學史)에는 장현광(張顯光)의 『역학도설』(易學圖說), 선우협(鮮于浹)의 『역학도설』, 김석문의 『역학도해』 등 '도설'(圖說, 글과 그림)의 전통이 있다. 그 중에서 김석문의 『역학도해』는 역학이 인간사만이 아니라 자연현상의 다양한 면까지 포괄하는 원리임을 도상으로 표상함으로써, 역학의 범위를 확장했다는 점에서 의의가 있다. 그는 중국의 장재와 소옹 등을 통해 얻은 동아시아 전통의 우주관에다, 중국을 통해 수입된 서양 과학, 특히 티코 브라헤(Tycho Brahe)의 천문학적 지식을 결합시켜 독자적인 우주론을 개척했다. 예를 들어 홍대용의 스승이었던 김원행의 또 다른 제자인 황윤석(黃胤錫)은 김석문이 '지전론'(地轉論)을 전개했음을 인정하고 있고,[4] 연암 박지원은 김석문의 우주관에서 핵심은 '삼대환부공설'(三大丸浮空說) 즉 "해·달·지구, 세 개의 커다란 둥근 것이 하늘에 떠 있다"는 학설이라고 강조한다.[5]

---

4   『頤齋集』권6,「書金大谷錫文易學圖解後」참조.

5   『열하일기』에 의하면, 박지원은 1780년(정조 4)에 중국 학인들과 대화하는 가운데 김석문의 '삼대환부공설'을 소개한다. 그는 "둥근 땅덩어리가 해·달과 마찬가지로 하늘에 떠 있다는 설은 김석문이 처음이고, 지구가 자전한다는 설은 홍대용이 처음이다"라고 했다. 박지원, 『열하일기』,「태학유관록(太學留館錄)」8월 13일.

11세기의 중국 유학자 장재(張載)는 "지구가 틀을 탄다"고 했고, 『역지』(曆指)에서는 "기(氣)와 화(火)가 하나의 구(球)를 이룬다"고 했다. 기화(氣火) 안에 있는 지구가 그것을 타고 있는데, 그것은 고요하고 움직이지 않으며 지구와 함께 하나의 체(體)를 이룬다. 그러므로 지구 위의 하늘은, 밖은 움직이고 안은 고요하니, 지구가 비록 돈다고 하더라도 구름이 가고 새가 날며 물건을 던지는 것이 달라지지 않는다. 만약 땅에서 조금만 위쪽이면 모두 기(氣)가 움직인다고 말한다면, 왼쪽으로 도는 하늘만이 구름이 가고 새가 날고 물건을 던지는 것을 달라지지 않게 하겠는가? 이것은 지구가 자전(自轉)하지 않는다는 것을 입증하기에 부족하다.[6]

김석문이 인식했던 하늘과 땅은 달랐다. 전통적인 천지론은, 하늘은 둥글고 땅은 네모나다는 '천원지방'(天圓地方), 하늘은 움직이고 땅은 정지해 있다는 '천동지정'(天動地靜), 땅을 중심으로 우주의 외곽으로 갈수록 점점 더 운행 속도가 빨라진다는 '외질중지'(外疾中遲)였는데, 그는 전통적 사유를 전복했다. 땅이 둥글다는 '지구설'로 교체한 이후, 모든 천체는 서쪽에서 동쪽으로 회전한다는 '우선설'(右旋說), 지구가 1년에 366회 회전한다는 '지전설'(地轉說), 우주는 동정(動靜)이 없는 가장 외곽의 태극천으로부터 중심부의 지구로 갈수록 점점 더 빨라진다는 '외지중질'(外遲中疾)의 우주론으로, 그 자리를 채운다. 김석문은 서양의 지구설을 자신

---

6 『역학도해』, 「총해」(總解).

만의 독자적인 생각으로 재해석하여 조선후기 우주론에 새로운 시각을 제시했다.

홍대용은 분명 천문론과 우주론에서 김석문에게 영향을 받은 것으로 보인다. 하지만 거기에서 한 걸음 더 나아가서, 지전설과 무한우주론이라는 천문학에다, 낙론계에서 전개하고 있던 성리학적 본성 논쟁인 인물성동론을 접합시켜, "하늘에서 보면 인간과 사물이 모두 하나[人物均]"라는, 당시로서는 혁명적인 만물평등론을 전개한다. 이것은 김석문에게서 이뤄졌던 지구적 전환이 홍대용에 이르러 정치생태적 전환으로 심화되었음을 의미한다. 우주에서 지구의 위치가 바뀔 때마다 그것이 사회정치적 질서의 혁명으로 이어졌던 역사를 예외 없이 예증한 것이다. 인물균 사상의 파급력은 매우 강력하였다. 문화적인 측면에서는 향후 박지원, 박제가, 이덕무, 정선 등의 북학파에 영향을 미쳤고, 사물에 대한 관찰에 바탕을 둔 지식과 예술을 추구하는 18세기의 백과전서파의 발전을 이끌었으며,[7] 정치적으로는 신분제의 균열과 '화이일' 사상으로 중화중심주의

---

7 조선시대에는 외교관이 청나라에 갈 때면 정사, 부사, 서장관의 고위 관리는 자제, 아들, 동생, 조카를 수행하게 할 수 있었다. 이 수행원들은 북경에 있는 동안 문화예술의 거리 유리창에 가서 책을 사고 학자를 만나고 자유롭게 견문을 넓힐 수가 있었다. 당시 자제군관 출신인 홍대용(1765), 박제가, 이덕무(1778), 박지원(1780), 이재 권돈인, 자하 신위, 박제가의 제자였던 추사 김정희 등이 이런 자격으로 외국 경험을 하고 온 것이다. 『을병연행록』(乙丙燕行錄)은 홍대용이 35세인 1765년부터 1766년까지 서장관인 숙부 홍억(洪檍)의 자제군관으로 청나라에 다녀오면서 보고 듣고 느낀 바를 날짜별로 기록한 내용이다. 그는 북경 천안문 광장 남서쪽 고서적, 골동품, 서화작품, 문방사우 상가들이 모여 있는 유리창(琉璃廠)에서 엄성, 반정균 등 중국학자들과 '천애지기'(天涯知己)를 맺었다. '천애지기'는 "아득히 떨어져 있지만 서로의 마음을 알아주는 각별한

에서 빠져나오는 계기를 마련한다. 이처럼 홍대용이 마련한 지구에 대한 관점 변화는 당시의 거대한 정치생태적 변화를 추동하는 데 큰 역할을 했다. 세종 때부터 조선만의 독자적 시간을 추구하면서 중국과 차이 나는 시공간에 대한 인식이 높아졌던 차에, 지구자전설이 입증되면서 이들 북학파에게 더 이상 전체성이나 통일성, 불변의 중심성 등은 의미가 없어졌다. 바야흐로 '차이의 존재론'이 탄생하기 시작한 것이다. 이는 기존의 위계서열화된 가치를 전복시키는 동력이 되었다.

홍대용이 제창한 지구가 둥글다는 지구설(地球說), 지구는 스스로 돈다는 지구자전설(地球自轉說), 우주의 끝은 알 수 없다는 우주무한론(宇宙無限論) 중에서, 앞의 두 이론은 김석문이 제시한 것을 응용한 것이지만 마지막 우주무한론은 홍대용만의 독창적인 주장이다. 그는 기존의 이론 틀에 매몰되기보다 새로운 관점주의(perspectivism)를 펼침으로써 전통적인 우주관에서 벗어나 무한우주론까지 제시할 수 있었다. 홍대용은 대수학·기하학 등 수학 전반을 정리한 『주해수용』(籌解需用)을 저술하고, 자신의 집에 두보(杜甫)의 시구에서 따다 이름 지은 '농수각'(籠水閣)이라는 실험실을 지어, 혼천의(渾天儀)와 서양의 자명종을 연구해 혼천시계를 제작했다. 홍대용의 자신감은 이와 같은 실험실을 기반으로 하여 산출한 실제 데이터에서 나온 것임을 알 수 있다.[8]

친구"라는 뜻으로, 중국학자 엄성이 홍대용에게 보낸 글에 나오는 구절이다.
8   "홍대용은 독자적으로 개량한 혼천의를 수촌의 시골집으로 일단 운반하여 안치했다. 그러나 실내가 협소할 뿐만 아니라 함부로 다루어 훼손할 우려가 있었으므로, 그의 거

홍대용의 관점주의

그 중에서도 『의산문답』(醫山問答)은 이 모든 지식들이 소개된 단편소설로, 하늘의 입장에서 보면 사람과 사물이 동등하다는 인물균 사상이 특징적으로 잘 소개된 대표 저작이다. 지구에 대한 관점 전환은 그와 관련된 지구 존재자들의 관계를 뒤바꿔 놓는다. 그것은 곧 사회 질서의 혁명이다. 유학만을 공부한 허자(虛者)와 새로운 학문을 터득한 실옹(實翁)이 주고받는 문답으로 이뤄진 이 단편에서 '물'(物)이라는 말이 모두 57회 나오는데, 이 중에 인(人)과 물(物)이 각각 별도로 논의되는 단락이 42회이다. 그만큼 물(物)이 별도의 존재자로 각광받으며 등장하는 것이다. 바야흐로 '사물의 존재론'을 본격화한 사상서라 할 수 있다.

그의 관점 전환은 인간과 사물은 구별 없이 모두 같은 성(性)을 갖고 있다는 낙론 계열의 '인물성동론'의 학풍 변화로부터 시작됐다. 17세기 중반부터 시작된 조선의 호락논쟁(湖洛論爭) 중 '인물성동이론'(人物性同異

실인 '애오려'(愛吾廬) 남쪽에 새로 연못을 파서 그 가운데 섬을 만들어 '농수각'(籠水閣)을 세우고 여기에다 새로 입수한 서양제 자명종과 함께 혼천의를 보관했다고 한다." 또 "혼천의와 같은 천문 의기에 대한 홍대용의 학문적 관심은 1766년 북경 여행 이후에도 지속된다. 당시 북경에서 만난 육비는 홍대용의 요청으로 「농수각기」를 지어 주었으나, 이 글에서 농수각의 혼천의를 새로운 추동식이 아닌 종래의 수력식 천문 의기로 부정확하게 기술했다. 홍대용이 그 점을 불만스러워 했으므로, 육비는 홍대용이 귀국한 뒤에 「농수각기」를 개작하여 다시 보내 주기까지 했다."(김명호, 『홍대용과 항주의 세 선비』, 돌베개, 2020, 66쪽, 72쪽) 이것을 보면 홍대용이 농수각이란 공간에 얼마나 애착과 자신감을 갖고 있었는지 알 수 있다.

論)은 인성(人性)과 물성(物性)에 관한 담론이었다. 이 이론은 낙론계 학자인 김창협, 김창흡, 김원행, 박윤원에서 홍대용, 박지원을 거쳐 박제가, 이덕무, 서형수 등으로 계승되는 학풍이다. 그중에서도 김원행의 '석실서원'에서 수학했던 홍대용은 물성(物性)에 주목하고, 물성의 연구가 필요하다는 점을 강하게 제시했다. 그는 인물성 담론에서 추론된 인성과 물성의 본질 인식에 머물지 않고, 중화와 이적의 본질과 관계에 관한 인식으로까지 확장한다. 이 이행 과정을 보기 위해서 먼저 홍대용의 심성론이 드러난 그의 초기 저작 「심성문」(心性問)을 살펴볼 필요가 있다. 이 글에서 홍대용은 리(理)를 통해 인(人)과 물(物)을 동시에 사고하는데, 이것은 당시의 낙론이 펼친 인물성동론의 입장과 유사하다.

사람은 사람의 리(理)가 있고 물(物)은 물의 리(理)가 있다. 이른바 리(理)란 것은 인(仁)일 따름이다. 천(天)에 있어서는 리(理)라 하고, 물(物)에 있어서는 성(性)이라 한다. 천에 있어서는 원형이정(元亨利貞)이라 하고, 물에 있어서는 인의예지라 한다. 그 실(實)은 하나이다. 초목도 전혀 지각(知覺)이 없다고 할 수 없다. 비와 이슬이 내리고 싹이 트는 것은 측은의 마음이고, 서리와 눈이 내리고 지엽(枝葉)이 떨어지는 것은 수오(羞惡)의 마음이다. 인(仁)은 곧 의(義)이고 의(義)는 곧 인(仁)이다. 리(理)라는 것은 하나일 뿐이다. 호리(毫釐)의 미(微)도 이 인의(仁義)요, 천지(天地)의 대(大)도 이 인의(仁義)이다. 보탤 수 없이 크고 덜 수 없이 작으니, 그 지극함인저. 초목의 리(理)는 곧 금수의 리이고, 금수의 리는 곧 사람의 리이고, 사람의 리는 곧 하늘의 리이니, 리라는 것은 인(仁)과 의(義)

일 따름이다. 호랑(虎狼)의 인(仁)과 봉의(蜂蟻)의 의(義)는 그 나타나는 곳에 따라 말함이다. 그 성(性)으로 말하면 호랑이 어찌 인에만 그치며, 봉의가 어찌 의에만 그치랴? 호랑의 부자(父子)는 인이고 이 인(仁)을 행하는 소이(所以)는 의(義)이며, 봉의의 군신(君臣)은 의이고, 이 의를 발(發)하는 소이는 인이다.[9]

하지만 바로 이후 저작인 「답서성지논심설」(答徐成之論心說)에 가면 물(物)에 대한 논의는 「심성문」과 사뭇 달라진다. 성(性)에 대한 논의를 심(心)으로 심화시키는 것이다. 성인이나 범인의 마음이 모두 똑같다는 '성범심동설'(聖凡心同說)을 물(物)에까지 연장시키고 있다. 특히 심(心)의 영험함만큼 물(物)의 영험함을 인정한다는 점에서 범심론(汎心論)적 특성까지 보이고 있다.

사람과 물(物)의 마음이 과연 같지 않은가? 또 심(心)이란 것은 신명(神明)하여 헤아릴 수 없는 물로서 형상(形狀)도 없고 성취(聲臭)도 없다. 같지 않으려고 하더라도 어떻게 떨어지고 어떻게 합하며 어떻게 완전하고 어떻게 이지러지는 것인가? 한 번 같지 않음이 있으면 이 마음이 기(氣)를 따라 체를 변(變)하니 영(靈)함이 일정한 근거가 없다. 일정한 근거가 없으면 지자(智者)는 우자(愚者)에 대해서, 현자(賢者)는 불초자(不

9 『湛軒書』內集 1卷 「心性問」.

肯者)에 대해서 모두 같지 않을지니, 이 무슨 이치인가? 그러므로 이르되 우(愚)는 기(氣)에 국한되고 물(物)은 질(質)에 국한되나 심(心)의 영(靈)함은 한가지라 한다. 기(氣)는 변할 수 있어도 질(質)은 변하지 못한다. 이것이 사람과 물(物)의 다름이다.[10]

홍대용 물론의 특징 중 첫번째는 물의 뛰어남을 논한 데 있다. 물의 영함이 사람과 같은 것을 넘어 오히려 더 뛰어날 때가 있다고 주장하는 것이다. 바로 이 지점에서부터 홍대용의 사상은 기존의 낙론과는 다른 물론(物論)으로 나아가기 시작한다.

사람은 사랑하지 않는 일이 있지만 범[虎]은 반드시 자식을 사랑하고, 사람은 충성치 않는 일이 있지만 벌[蜂]은 반드시 임금을 공경하고, 사람은 음란함이 있지만 비둘기는 반드시 남녀 간 분별이 있으며, 사람은 무턱대고 하는 일이 있지만 기러기는 반드시 때를 기다린다. 기린의 인(仁)함과 거북의 영(靈)함과 나무의 연리(連理)와 풀의 야합(夜合)함이 비 오면 기뻐하고 서리 오면 시드니, 이 모두는 그 마음이 영(靈)한 것인가, 영하지 않은 것인가? 영하지 않다면 모르겠으나, 영하다 하면 사람에 비하여 다르지 않을 뿐 아니라, 혹 더 뛰어나다.[11]

---

10 『湛軒書』內集 1卷, 「答徐成之論心說」.

11 위와 같음.

사물의 가치에 대한 존중은 향후 홍대용이 북경에 다녀와서 집필한
『의산문답』에서 인간이 자신의 부족을 메우기 위해 물(物)로부터 배운다
는 '자법어물'(資法於物)이라는 관점으로 확장된다. 인물성동론을 넘어,
물(物)에 대한 새로운 관점, 즉 상호부조적이며 오히려 인간보다 낮기에
인간이 차마 두려워하게 되는(경외하는) 측면을 더욱 과감하게 말하게 된
것이다. 홍대용의 이런 관점은 "성인은 만물을 스승삼아 배운다"(聖人師
萬物)는 말에서 두드러진다. 이 말은 『관윤자』에서 인용한 것이지만,[12] 그
가 이 구절을 인용하는 이유는 인간중심주의를 타파하고자 하기 때문이
다. 이는 현대 신유물론자인 네덜란드 철학자 로지 브라이도티가 동물과
인간을 구분하는 조에(zoe)와 비오스(bios)의 경계를 타파하고자, 조에 중
심의 평등주의 관점을 제기한 시도와 상당히 유사하다.

> 이는 전통적으로 안트로포스(인간)에게 유기적·담론적으로 할당한 생
> 명 부분인 비오스(bios)와 조에(zoe)라고 알려진 더 넓은 범위의 동물과
> 인간-아닌 생명 사이의 경계를 흔든다. 생명 자체의 역동적이고 자기조
> 직적 구조인 조에는 생성적 생기성을 나타낸다. 그것은 이전에는 분리
> 되어 있던 종과 범주와 영역을 가로질러 재연결하는 횡단적 힘이다. 나
> 에게는 조에 중심의 평등주의가 탈-인간중심적 선회의 핵심이다.[13]

---

12 關尹子曰: "聖人師蜂立君臣, 師蜘蛛立網罟, 師拱鼠制禮, 師戰蟻置兵, 衆人師賢人, 賢人
師聖人, 聖人師萬物. 惟聖人同物, 所以無我."『關尹子』「三極」.

13 로지 브라이도티, 『포스트휴먼』, 이경란 옮김, 아카넷, 2017, 82쪽. 이하, '로지 브라이

홍대용이 검토했던 인물 간의 경계는 비오스를 넘어 조에의 생명력을 논하고 있는 브라이도티의 의견을 선취한 것이다.

홍대용 물론의 특징 중 두 번째로 주목할 점은 인과 물의 상호성을 중시했다는 것이다. 상호성은 홍대용이 사람과 사물의 성(性)과 심(心)의 차이에 대한 검토를 거쳐 '인물균'에 이르는 과정에서 인과 물 간의 경계를 허물어 버린 '인물무분'(人物無分)의 상태에 도달했기에 가능한 발상이었다. 상호성은 연결망을 뜻한다. 인과 물이 연결된 관계요, 서로 배워서 (침투하여) 생래적 결여를 보완할 수 있는 관계라는 것을 『의산문답』은 강조하고 있다. 후에 박지원도 이에 영향을 받아 인성(人性)과 물성(物性)은 구별할 수 없다는 '인물막변'(人物莫辨)의 이념을 제시한다. 이것이 인물성 담론에서 가장 중요한 주제이다. 실옹은 이러한 관계를 이해하는 관점을 '하늘의 시점'이라고 했다. 하늘의 시점은 인물균과 자법어물을 주장할 때 각기 언급되었는데, 이것은 인물균과 자법어물이 인물무분의 중요한 두 기둥이기 때문이다. 하늘의 시점이라 함은 기존의 중국/인간 중심주의를 타파하고 새로운 관점 차이를 도입하는 지구중심주의, 브라이도티 식으로 말하면 조에중심주의다.

실옹이 고개를 들어 웃고 말했다. "너는 정말로 (사람의 시야에 국한된-인용자) 사람이구나. 오륜(五倫)과 오사(五事)는 사람의 예의고, 무리지어

도티, 『포스트휴먼』'으로 약칭.

다니면서 나누어 먹는 것은 짐승의 예의고, 덤불로 피어 무성한 것은 초목의 예다. 사람의 시점에서 물을 보면 사람이 귀하고 물은 천하지만 물의 시점에서 사람을 보면 물이 귀하고 사람은 천하다. 하지만 하늘의 시점에서 보면 인과 물이 균등하다.

지혜가 없으니 오히려 속이지 않고, 깨달음이 없으니 오히려 꾸미지 않는다. 그러니 물이 사람보다 귀한 것이다. … 봉황은 천 길을 날고 용은 하늘에 있으며, 시초와 기장은 귀신과 통하고 소나무와 잣나무는 재목으로 사용된다. 사람의 무리와 비교하면 누가 귀하고 누가 천한가?

… 대도를 해치는 것 중에서 자랑하는 마음보다 심한 것이 없다. 사람이 사람을 귀하게 여기고 물을 천하게 여기는 이유는 자랑하는 마음의 뿌리 때문이다. 그래서 옛사람은 백성에게 은혜를 베풀고 천하를 다스릴 때에 물로부터 규범을 취하지[資法於物] 않은 적이 없었다. 군신 간의 의식은 벌에서 취하고, 전쟁할 때의 진법은 개미에서 취하고, 예절의 제도는 들다람쥐에서 취하고, 그물의 설치는 거미에서 취했을 것이다. 그러므로 '성인은 만물을 스승삼아 배운다'고 한다. 지금 당신은 어찌 하늘의 시점으로 물을 보지 않고 사람의 시점으로 물을 보는가?"

홍대용의 '자법어물'(資法於物)과 '만물을 스승으로 삼는다'(聖人師萬物)는 논의는 만물의 우위성을 증명했다는 점에서 급진적이다. 특히 지구 생명을 볼 때 만물을 서로 돕는 공생의 입장으로 봤다는 데 의미가 있다. 이는 수직적, 위계적으로 변질됐던 성리학적 체용의 구조를 분합의 구조로 바꿔 수평적 인식 전환을 시도했다는 의미도 있다. 인현정은 여기서 홍대용이 적용하는 '분합(分合)'의 원리에 주목한다.[14] 애초 송대 신유학자들이 요청한 체용(體用) 구도는 사실상 리와 기의 이해를 위한 것이었는데, 곧바로 언어적 한계에 부딪힌다. 예컨대 기존의 체용 구조 속에서는 인의예지 중 체(體)에 해당하는 인(仁)은 용(用)의 세계에서는 쉽게 접근하기 어려운 도체(道體)가 된다. 하지만 분합 구조에는 그런 선후와 위계성이 없다. 체용이 수직 구도와 결부됐다면 분합 구조는 훨씬 더 수평구조 속에서 작동한다. 그 예로 인현정은 홍대용이 『사서문변』(四書問辯) 가운데 「중용문의」(中庸問議)에서 『중용』의 제12·13장에 대해 설명한 대목을 제시한다.

> 생각건대 "알 수 있고 행할 수 있다는 것은 은(隱)하다"라는 말에서 '은'은 좁은 것[微]와 작은 것[小]을 의미한다고 생각합니다. "'성인이 알 수 없고 행할 수 없다'는 것과 '천지에 대한 유감스러운 바'는 비(費)이다"라는 말에서 '비'는 넓은 것[廣]과 큰 것[大]을 의미한다고 생각합니다. 이른바 '큰 것을 말한다'와 '작은 것을 말한다'는 비·은의 뜻을 다시금 해석하는 까닭이 됩니다. 대개 합해서 말하는 것은 넓고 또 크게 되어 '비'라고 말합니다. 나눠서 말하는 것은 좁고 또 작게 되어 '은'이라고 말합니다. 그 말의 차이는 나누고 합하는 분합(分合)에 있지 체용(體用)에 있지 않

---

14   "홍대용은 체용 구도를 분합의 구도로 전환한다." 인현정, 「홍대용의 정치철학과 물학(物學)의 관계 연구」, 이화여자대학교 철학과 박사학위논문, 2017, 38쪽.

습니다.[15]

인현정은 이 분합의 구도가 홍대용의 인물성동론과 논리적으로 어울릴 수 있게 된다고 분석한다. 18세기 용(用)의 세계, 상(象)의 세계는 이미 기존의 체용관으로 담아내기에는 너무 확장돼 버린 것이다. 홍대용은 새로운 분합의 수평적 틀로 물(物)을 통한 치지(致知)의 영역을 넓히려고 했다. 의복과 음식, 혼천의와 악기 등 인간의 개별 사물들에 대한 이해를 강조했다. 기존 질서의 해체는 과학적 세계관의 발전을 견인한다. 실제로 홍대용은 향후 북학파와 백과전서의 학파에도 영향을 미치며 미술 화풍에 큰 변화가 나타나는 데도 영향을 끼치게 된다.[16]

또한 과학 지식의 발달은 전체적으로 중인층의 성장을 가져온다. 이러한 변화는 후기 조선 사회에서 문학, 미술 등의 예술 부문에서의 변화에서도 감지되는데, 김창협이 금강산 봉우리를 보고 쓴 시는 '하나하나 춤추며 날아갈 듯하다'든지, '구름에서 나와 치달린다'고 하는 등, 사물을 인간의 위치와 대등하게 바라보고 그 본질을 파악하려고 시도하고 있다. 이는 물리(物理)를 관물론적(觀物論的)으로 파악하려는 시도다. 그 절정이 겸재 정선의 〈금강전도〉인데, 여기서 금강산은 정선 개인의 한정된 체험적 시각이 아니라, 하늘 위에서 새가 날아가며 보듯 다(多) 시점으로 형성

---

15 『湛軒書』,『四書問辯』,「中庸問疑」.
16 이현경, 「정선 〈금강전도〉의 구도와 시점에 대한 역사·사회적 고찰」, 『예술학』 2:2, 2006.

된 회화적 진경의 공간이다. 이런 경향은 박지원의『호질』등 동물 우화에도 영향을 미치는데, 전설 속 여러 기담에서 핍박받던 기이한 존재가 되살아나 향연을 펼치게 된다.

홍대용의 인물균 사상 또한 지구에 대한 지식의 수용으로 생긴 결과다. 즉 지구가 돌고 돌며, 관점이 바뀌어 천시(天視, 하늘)의 관점에 이르면, 지구는 만물에 동등한 위치와 연결망을 부여하게 되고, 이로 인해 사람은 인간 중심의 사고에서 벗어나 사물에 이르려는 노력, 사물로부터 배우려는 노력을 하게 되기 때문이다. 이현식은 이런 홍대용의 화법에 대해 "허자는 위계적 관계 인식을 표상하고, 실옹은 영향 관계적 인식을 표상한다"고 설명한다.[17]

당시 18세기 조선 사회에서는 '인물성동이론'과 '성범인심동이'(聖凡人心同異, 성인과 일반인의 마음은 같은가 다른가) 논쟁이 함께 진행됐다. 이 중에서 홍대용은 인물성동론과 성범심동설을 주장했기에, 왕으로부터 하층민까지, 청나라나 명나라나 모두 동일한 '사람'이어야 마땅하다고 생각했다. 홍대용은 '분합' 구도를 적용해 관습적으로 적용되던 체용일원(體用一源) 개념의 부조리함을 비판하고, 확장되고 변화된 현실을 드러내려 했다.

'인물무분'은 인과 물이 서로 연결되어 있으며, 보완적 관계에 있다는 인식에 기초한 이론이다.『의산문답』에서 허자는 인과 물이 분리되고 배

---

17   이현식,「홍대용『의산문답』인물론(人物論) 단락의 구조와 의미」,『태동고전연구』35, 2015.

타적 관계라고 믿지만, 실옹은 인과 물의 관계를 연결된 (서로 영향을 주는) 관계요 보완적 관계라고 주장한다. 이 관점은 인과 물의 관계만이 아니라 모든 차이에 대한 새로운 발견이다. 허자는 물의 결여만 이야기했지만, 실옹은 물의 결여만이 아니라 인간의 결여도 이야기했다. 허자는 인간의 우월성을 말했지만 실옹은 인과 물 모두 우월하다고 말했다. 나아가서 실옹은 인과 물이 서로 흥하기도 하고 망하기도 하는 공생 관계라고 지적한다. 서로 다투며 경쟁하고 배운다는 뜻이다. 인과 물의 대등성은 하늘에서 보는 구조적 관점에서 도출된 것이다. 이런 구조적 관점은 인물론을 넘어 자연론, 역사 담론, 현실 담론까지 이어진다. 각 담론은 병렬적 관계이지만 한편으로 인물성 담론은 자연 담론을 끌어내기 위한 복선이기도 하다. 실옹이 인물성 담론을 전개하면서 그 다음 단계를 추론하고 확장적용시키려 했다는 점은 다음에서 확인할 수 있다.

> 허자가 화들짝 크게 깨닫고 또 절하고 나와 말했다: "인과 물은 구분이 없는 것이라는 말씀을 들었으니, 인과 물의 탄생의 뿌리에 대해서 묻고 싶습니다."
>
> 실옹이 말했다: "좋은 질문이구나! 그렇지만 인과 물의 탄생은 자연에 근원한 것이니, 내가 먼저 자연의 실정을 말하겠다." (…)
>
> 허자가 말했다: "자연의 형상과 정황에 대한 말씀은 이미 들었으니, 마지막으로 인과 물의 근원, 고금의 변화, 중화와 이적의 구분에 대해서 듣고 싶습니다."

이 대목은 인물론 단락과 자연론 단락의 연결 부분이다. 허자는 인과 물이 구분 없는 관계라는 것을 깨우치고 난 후에, 인과 물의 기원에 관해 배우기를 요청하고 실옹은 이에 동의한다. 이것은 두 담론을 동일한 원리로 설명하려는 실옹의 의도를 분명히 보여주는 것이다. 자연론 단락과 역사 현실 단락의 연결 부분에서도 역사 담론과 현실 담론 역시 동일한 방식으로 설명하려는 의도가 분명히 드러난다.

여기서 홍대용은 이렇게 여러 담론을 연결하는 구조적 시각을 가능하게 하는 천을 리나 태극이 아닌 '자연천'(自然天)의 의미로 사용하고 있다. 그에게 천의 관점으로 본다는 것은 가치가 아닌 사실의 관점에서 인과 물을 평가하는 것이다. 그에게 하늘은 자신이 농수각이라는 실험실에서 직접 관찰하며 얻어낸 과학적 천이다. 『의산문답』은 이렇게 기존의 도덕, 가치 중심으로 인과 물을 뭉뚱그려 보던 전체론적 사고에서 벗어나서 인과 물의 사실적 차이의 철학을 제시하고 있다는 점에서 특징적이다. 홍대용은 인과 물의 차이를 희석화시키고 합일적 관점에서 보던 보편원리를 약화시킨다. 다른 말로 하면, 인간중심적 가치를 물에 투사하는 시선 자체로부터 벗어나고 있는 것이다. 「심성문」(心性問)에서나 「답서성지논심설」(答徐成之論心説)에서 동물의 영함이나 동물이 인간보다 뛰어남을 논하면서도 성리학에서 규정하는 인간중심적 가치의 틀 안에서 머물렀던 것에 비하면, 『의산문답』의 일진보한 측면은 바로 여기에 있다.

라투르의
대지설과 사고전시

─가이아 2.0과 임계영역의 사고전시

지구존재자들의 연결망 합성과 재구축

브뤼노 라투르(Bruno Latour, 1947~2022)는 인간[人]과 비인간[物] 간의 행위자 네트워크 이론으로 21세기의 자연과학과 사회과학의 학제 간 융합 연구에 앞장서 왔다. 그는 인류세 시대를 맞아 우리가 지구를 객관적 과학(Science)의 탐구 대상으로 보는 데서 벗어나, 온전한 통일성과 연속성이 없는 울퉁불퉁한 대지의 지구로 이해해 보자고 제안한다. 2010년부터 그가 지속적으로 제시하는 지구에 대한 대안적 어휘 설정은 세 가지 축으로 이뤄진다. 첫 번째는 기존의 지구(globe)에서 대지(terrestrial)로 전환하는 것이다. 여기서 globe는 멀리서 태연하고 초월적으로 바라볼 수 있는 시선의 어감이 느껴지는 반면, terrestrial은 천상계의 초월로부터 단절된, 떠나올 수도 없고 벗어날 수도 도망갈 수도 없는 삶의 조건이자 터전으로서의 의미가 강하다. 두 번째는 지구의 접두어를 '지오'(geo)에서 '가이아'(gaia)로 바꾸는 전환이다. 그는 지구를 geo-라는 객관적 땅이 아니라 인간의 활동에 간지러워하고 인간 세계에 침입해 복수하는 gaia-로 형상화하는 게 인류세를 맞은 인류의 상황에 더 적합하다고 설명한다. 마지막으로 그는 단일한 전체성을 지닌 유니버스(universe)에서 여러 코스모스들의 정치적 경쟁, 즉 '코스모폴리틱스'(cosmopolitics)로의 전환을 제안한다.

그가 지구 대신 제시하는 가이아 이론은 마치 엄마와 같이 보살펴주는 여신으로서의 이미지가 아니라, 인간 영역으로 침입해 들어오는 매우 거친 자연이다. 이것은 벨기에의 생태정치학자 이자벨 스텐저스(Isabelle Stengers)의 가이아 이론과 맥을 같이 하고 있다. 라투르는 2011년 런던에 있는 프랑스 인스티튜트에서 행한 강연 "가이아를 기다리며: 예술과 정치를 통해서 공동 세계를 합성하기"[18]에서 이러한 의견을 적극적으로 제기한다. 19세기까지 인간은 숭고한 '자연'의 장관에 무력하고 압도당하며, 전적으로 지배당하는 느낌을 가졌다. 그러나 이제 우리는 그 숭고한 자연(나이아가라 폭포, 남극의 얼음)이 동일한 질과 양으로서 영속하지 못할 것을 예감한다. 칸트의 묘비명 "생각하면 할수록 놀라움과 경건함을 주는 두 가지가 있으니, 하나는 내 위에서 항상 반짝이는 별을 보여주는 하늘이며, 다른 하나는 나를 지켜주는 마음속의 도덕률이다"를 패러디하면서 라투르는 칸트가 설명한 밤하늘의 별빛이 더 이상 그렇게 반짝거리지만은 않는다는 점을 지적한다. 여기서 그는 과학을 예술과 정치와 연결함으로써 생태 문제 해결을 시도한다. 라투르의 과학사회학(STS)[19]과 행

---

18 Bruno Latour, "Waiting for Gaia: Composing the common world through arts and politics", A lecture at the French Institute, London, November 2011 for the launching of SPEAP(the Sciences Po program in arts & politics). 아래는 이 강연의 요약이다.

19 19세기에 자연과학과 사회과학, 인문학이 제도화되고 전문화되면서 분과학문 체계가 정립되었고, 과학과 인문학은 서로 다른 방법론을 가지고 다른 대상을 연구하는 별개의 분

위자 연결망 이론(ANT)은 이런 위기 상황에 대응하는 이론화 작업이다.

지구에 주목하는 분과학문이 확대되면서 이제 지구는 균질적인 완전한 구체(globe) 즉 공 모양이 아니라, 관측점(데이터)이 수집되고 모형을 수립하는 자들에게 다시 전송되면서 연결망을 이루는 울퉁불퉁한 척도 모형(scale model)에 가까워진다. 즉 지구는 지금까지 존재했던 조립체 중에서 가장 아름답고 견고하며 복잡한 직물 작품(태피스트리: tapestry)이 된다. 그 안에 많은 구멍이 있어서 사이로 여러 매듭을 엮어낼 수 있기에 이 태피스트리는 놀랍도록 강하다. 인류세의 역사에서 이렇게 한 땀 한 땀 태피스트리를 엮어나가는 과정이 중요한 이유는 기후과학자도 지구 전체를 직접 측정할 길이 없기 때문이다. 이제 가능한 대안은 아주 작은 실험실에서 국소적 모형을 주의 깊게 관찰하는 작업을 표준화하고 조정하는 것뿐이다. 한쪽 편에는 전 지구적으로 완전하고 전체적인 시야로부터 득을 보는 과학자들이 있고, 반대편에는 "제한된 국소적인" 시야를 가진 가련한 보통 시민들이 있던 시대는 지났다. 오로지 부분적인 시야들이 있을 뿐이다. 생태적으로 고무된 활동가가 '충분히 전 지구적으로 생각하지 않는다'는 이유로 시민에게 창피를 주려는 노력은 쓸모없다. 이제 아무도 지구를 전체적으로 볼 수 없고 아무도 초월적인 견지에서 생태계를 볼 수 없다는 점에서 과학자, 시민, 농부, 생태학자, 지렁이가 전혀 다르지 않다. 자연 즉 지구는 관찰자가 사물 전체를 보기 위해 이상적으로

야로 분리되었다. 과학사회학(STS)의 목표는 분리된 이 방법론을 다시 합치는 것이다.

도약할 수 있는, 멀리 떨어져 있는 관점에서 포괄할 수 있는 것이 더 이상 아니다. 지구는 오히려 함께 합성되기를 기다리는 모순적인 존재자들의 태피스트리에 가깝다.

특히 현재 인류세 상황에 책임이 있는 인류에게 이런 태피스트리 조립 작업은 필수적이다. 모든 조립에는 중간 매개자가 필요하다. 위성, 센서, 수학 공식, 그리고 기후 모형은 물론 국민국가, 비정부 기구, 의식, 도덕, 책임감도 여기에 포함돼야 한다. 이런 태피스트리는 "과학적 논쟁들의 지도 그리기"라 부르는, 여러 행위자들의 작업으로 만들어진다. 여기서 라투르는 "합성"(composition)이라는 개념을 쓴다. 과학 논쟁은 회피할 게 아니라 매 행위자들이 서로 합성되는 장이므로 장려해야 한다. 예를 들어, 대기 난류의 역할, 그 다음 구름의 역할, 농업의 역할, 플랑크톤의 역할 등이 연쇄적으로 기후를 모형화하면서 참된 지구 극장을 만들어 간다. 여기서 사실과 의견은 이미 뒤섞여 있고, 앞으로 훨씬 더 많이 뒤섞일 것이다. 지금 우리에게 필요한 것은 과학과 정치를 분리시키는 것이 아니라 뒤얽힌 우주론들의 상대적인 무게를 새로운 도량형 코스모그램 (cosmogram)으로 판별하는 것이다. 이제 논쟁적이고 과학적인 여러 우주들을 서로 비교하고 겨루게 하자. 그게 정치다.

라투르는 이런 식의 언어 구사와 인식 전환을 통해, 인류세를 맞이한 지구가 서서히 기존의 역사적 관점에서 공간적 관점으로 이동해야 한다고 말한다. "역사철학은 공간철학(가이아정치학, Gaiapolitics)이라는 지리

정치학의 특이한 형태로 흡수되고 있다"[20]는 게 라투르의 진단이다. 이런 전환의 일환으로 라투르는 인류가 코로나를 맞은 2020년에 문을 연 '임계영역'(CZ)이라는 국소 공간을 실험 중이다. 이곳은 지구의 생존 가능한 얇은 층 안에서 일어나고 있는 가이아 지구 내 공생자들의 네트워크를 관찰하고 연구하고 예술작품화하는 '사고전시'(thought exhibition)의 공간이다.

사고전시는 '사고실험'(thought experiment)에 대비되는 말이다. 사고 실험은 사물의 실체나 개념을 이해하기 위해 그 작동 과정을 가상의 시나리오로 구현하는 선험적 방법이다. 이에 비해 사고전시는 관찰이나 실험이라는 경험적 방법을 통한 공간 디자인과 큐레이팅으로 아직 정의되지 않은 새로운 생명을 기술하고 지역성에 기초한 생태계를 복원하려는 방법이다. 이 공간에서는 예술가와 과학자, 사회학자들이 모여 각자의 방식으로, 또는 학제 간 협업을 통해 임계영역에 대한 합동 탐구를 진행한다. 이러한 작업을 통해 생태적 다양성이 깨진 지구에서 일어날 수 있는 상황을 임계영역에서 빨리 발견하고 대처하는 능력을 높일 수 있다. 어차피 지구 전체의 통일성과 연속성을 전부 파악하는 것은 더이상 가능하지 않다는 것을 모두가 알고 있기 때문이다.

여기서 브뤼노 라투르의 '임계영역'은 거품과 비슷한 이미지로 상상된

---

20   Historicity has been absorbed by spatiality; as if philosophy of history had been subsumed by a strange form of spatial philosophy-accompanied by an even stranger form of geopolitics (actually Gaiapolitics)

다. 거품을 구성하는 것은 지구의 얇은 막인데, 그 위에서 지구 내 유기체의 공생이 이뤄지고 있다. 생물권은 바로 여기서 형성되고, 그래서 인간은 단지 이 지대-위에 있는 것이 아니라 안에-깊숙이-함께-얽혀들어 있다. 라투르는 이곳의 과학실험이 사고실험이 아니라 사고전시(실험이 과학자들만의 용어를 연상시킨다면 전시는 예술과 정치, 과학과의 융합을 떠올리게 한다)라며 모든 학문 분야 연구자들이 함께 모여 결과를 전시하는 것이 가이아 안에서 일어나는 행위자 네트워크의 현장이라고 역설한다.

로봇이나 소수 사이보그 우주인들이라면 공상과학 영화처럼 우주계 너머로 나갈 수 있을지 몰라도, 나머지 인류는 "부패와 타락의 소굴" 또는 위험과 원치 않는 결과들로 가득 찬 곳이 된 옛날 지구에 여전히 묶여 있다. 우리의 터전인 지상계에서 넘어갈 수도 벗어날 수도 도망갈 수도 없다. 그래서 우리는 다시 유니버스에서 코스모스로 이동한다. 여기서 코스모스는 연속성과 통일성이 없어진, 숭고한 자연을 말하기가 불가능해진 지상계로서의 우주이다. 그것은 브뤼노 라투르의 친구인 독일 철학자 페터 슬로터다이크가 말한 대로, 더 이상 하나의 구체가 아니라 거품들의 집합이다. 라투르의 동료이자 벨기에 철학자인 이자벨 스텐저스는 이렇게 지구의 막 위에서 일어나는 여러 행위자들의 정치를 "코스모폴리틱스"라고 명명한다.

국소적이며 발이 묶인 코스모스로의 이동에 대해 라투르는 "우리는 탈근대적(postmodern)인 게 아니라 탈자연적(postnatural)이다"라고 표현한다. 라투르의 입장에서 "우리는 근대인이었던 적이 없기"에 탈근대적일 수도 없기 때문이다. 실제로 새로운 코스모폴리틱스 시대에 가이아는 더 이상 자연과 비슷하지 않다. 가이아는 인간의 곤경에 무심하다. 가이아는 어머니 자연이나 여신처럼 '우리를 돌보는' 것이 아니다. 가이아는 인간의 행위에 민감하지만 우리의 복지를 목표로 하여 움직이지 않는다. 가이아는 오히려 우리를 박살내서 제거하고 소멸시키며 '복수'하려 한다. 가이아는 자연의 수호자 역할을 하기엔 너무 연약하며, 어머니라기엔 우리의 운명에 너무 무관심하고, 여신이라기엔 거래와 희생으로 달랠 수 없는 너무 까다로운 캐릭터다. 지구는 더 이상 그리스 신화에 나온 원조 가이아나 에이와처럼 모든 것을 감싸 안는 모성의 대지가 아니다. 제임스 카메룬의 영화 〈아바타〉(2009)에는 나비족이 신성하게 여기는 나무 '홈트리'가 등장한다. 이 나무는 '영혼의 나무'이며, 여기에는 판도라 행성의 모든 것을 다스리고 연결하는 여신, 에이와(Eywa)가 살고 있다. 에이와는 나비족 언어로 "모든 이를 안는다"라는 뜻이다. 나비족의 정신적 계보는 모계 신화를 바탕으로 어머니 자연(nature mother)을 그대로 유지하고 있다. 여기서 여신 에이와는 자연과 인간의 유기적 일체성(통일성)을 유지하고, 주인공 네이티리의 어머니 차히크는 나비족을 위해 에이와 여신의 신명을 받는 무당이자 여제사장의 역할을 감당한다.

이렇게 원조 가이아와 지금의 가이아는 다르므로 새로운 가이아를 2.0이라고 부르자. 라투르에 의하면 가이아는 우연적인 양과 음이 서로 꼬리를 물고 고리를 만들고 있는 집합일 뿐이다. 그런 고리들이 훨씬 더 복잡하게 얽혀 있는 양과 음의 새로운 고리들을 생성하면서 돌발적인 결과를 낳는다. 어떤 목적도, 어떤 섭리도 없이 말이다. 이것은 가이아에 관해서 걱정할 필요가 없다는 말이 아니다. 실은 그 반대다. 곤경에 빠진 자는 가이아가 아니라 우리다. 인류세라는 수수께끼는 희한한 뫼비우스의 띠를 떠올리게 한다. 일견 우리가 가이아를 장악하고 있는 듯 보이지만, 동시에 우리는 가이아 밖으로는 아무데도 갈 곳이 없기에 어느 순간 가이아가 우리를 장악하고 있음을 깨닫게 된다.

오늘날의 가이아2.0이 흥미로운 것은 여기에 통일성이 전적으로 부재하기 때문이다. 유니버스(최소한 지상계 부분)의 연속성은 사라졌다. 이제 인류가 하나의 통일된 행위 주체가 아닌 것처럼 가이아도 하나의 연속적 행위 주체가 아니다. 우리는 우리가 무엇으로 이루어져 있는지 모르는 것처럼 가이아도 무엇으로 이루어져 있는지 모른다. 따라서 서로 간의 대칭은 완벽하다. 라투르는 이를 "우리 속의 가이아 또는 가이아 속의 우리, 즉 이런 기묘한 뫼비우스의 띠"라고 말한다. 그는 "더 이상 구분될 수 없는 것(자연과 사회, 인간과 비인간 등)들을 구분하려고 노력하는 대신, 핵심 질문을 제기하자. 당신이 조립하고 있는 것은 어떤 세계인가? 여러분은 어떤 존재자들과 함께 살기를 제안하고 있는가?"라고 묻는다. 예를 들어 거대 석유회사, 담배 제조업체, 반낙태주의자, 창조론자, 공화당원을 연결하는 것은 부엽토(humus), 인도적인(humane), 인문학(humanities) 사이를 연결하는 것만큼 흥미로울 수 있다. (라투르는 여기서 '인간'을 의미하는 hum의 어원에서 파생된 여러 단어들을 연결시키면서 언어 유희를 하고 있다.) 지구인들은 죽어서 되돌아갈 흙과 먼지(부엽토, humus)에서 태어나고, 그래서 '인문학'(humanities)도 이제는 '지구과학'이 돼야 한다. 라투르는 이런 기조에서 2010년부터 과학적, 정치적, 예술적 표상이라는 삼중의 작업으로 전문적인 예술가, 과학자를 훈련시키기 위해 시앙스포 주관의 "정치

〈그림1〉 아틀라스상

예술"(political arts)이란 프로그램을 운영해 왔고, 2020년부터는 그 훈련의
일환으로 국소적 지구의 임계영역에서 '사고전시'를 하는 중이다.

　현재 우리가 가이아의 어깨-그리고 가이아는 우리의 어깨-에 매우 무
거운 짐을 서로 올려놓고 있기 때문에, 모종의 거래를 할 만하다. 가이아
와 우리의 운명은 긴밀히 연결되어 있다는 점에서, 아기 그리스도를 짊
어지고 있는 성 크리스토퍼(St.Christopher)의 아이콘(〈그림3〉) 이미지와
적절하게 딱 맞아떨어진다. 성 크리스토퍼의 그림은 과도한 짐을 홀로
짊어진 아틀라스(〈그림1〉)보다 인류에게 더 희망적으로 보인다고 라투르
는 말한다.

　여기서 크리스토퍼는 희랍어로 "그리스도를 메고 가다"는 뜻의 크로스

〈그림2〉 어린 예수를 업은 성 크리스토퍼(St. Christopher)

토포로스(christophoros)에서 온 말이다. 크로스토퍼는 여행자의 수호성인이다(〈그림2〉). 사람들을 어깨에 메고 강을 건너다 주는 일로 생계를 꾸리던 크리스토퍼는 "나보다 더 힘센 사람이 나타나면 그를 주인으로 알고 섬기겠다"고 선언한 이교도 거인이었다. 어느 날 조그만 어린이를 메고 강을 건너는데, 물속으로 들어갈수록 점점 무거워지며 건널 수가 없었다. "이상한 일인데…."라고 중얼거리자, 그 어린이가 말했다. "너는 지금 전 세계를 옮기고 있는 것이다. 나는 네가 찾던 왕, 예수 그리스도다."

 가이아는 '전 세계'인 '아기 예수'이며, 우리 인류는 그 가이아를 어깨에 멘 크로스토퍼이다. 〈그림3〉에서 보면 크리스토퍼와 예수는 지구를 사이에 두고 서로 뫼비우스처럼 얽혀 있다. 크리스토퍼는 예수의 어깨에,

〈그림3〉 Master of Messkirke in Basel의 성 크리스토퍼(St.Christopher). 1500년대의 이 그림은 라투르가 2011년 런던 강연 "가이아를 기다리며"의 말미에 인용하면서 다시 주목받았다.

예수는 크리스토퍼의 어깨에 서로 기대고 있듯이, 우리는 가이아의 어깨에, 가이아는 우리의 어깨에 지운 짐을 통해 서로의 운명이 연결돼 있다.

브뤼노 라투르와 이자벨 스텐저스의 '가이아2.0'

2020년, 인류는 코로나19로 모든 시스템이 멈춰 서는 초유의 사태를 맞았다. 기후변화와 바이러스의 출현은 모두 인간 활동의 결과이지만, 정지와 봉쇄 앞에서 '글로벌'이란 단어는 순식간에 힘을 잃었다. 팬데믹 속에서 사람들이 경험할 수 있는 '공간'은 이제 미터법 도량형을 따르는 단순한 공간이 아니라 갈등과 법, 기술 등의 요소가 총체적이고 복잡하게 얽히고 조립된 곳이다.

라투르는 2017년 강연 "왜 가이아는 전체성의 신이 아닌가"(Why Gaia is not a God of Totality)에서 "당신이 무관심한 외부 관찰자의 시선에서 보는 것이 '지오'(geo)라면, 경계에서 일어나는 굉음의 부딪힘을 목격하며 그 안에 있는 상황을 '가이아'(gaia)라고 말할 수 있다."고 말했다.

러브록이 말한 대로, 오늘날 가이아는 복수를 한다. 그의 '복수하는-가이아'(Gaia-The-Vengeful)란 말을 좀 더 자세히 살펴보자. 생물학자 린 마굴리스의 말에서 조금 힌트를 얻을 수 있다; "생명은 행성 수준의 현상이며, 지구는 적어도 30억년 동안 살아 왔다. 내가 볼 때 인간이 살아 있는 지구를 책임지겠다고 말하는 것은 우스꽝스럽다. 능력은 없으면서 말로만 떠드는 것과 같다. 우리가 지구를 돌보는 것이 아니라, 지구가 우리를 돌본다. 혼란에 빠진 지구를 올바로 이끌라거나 병든 지구를 치유하라는 것은 주제넘은 도덕적 명령일 뿐이다." 그래서 라투르가 보기에 우리는 오히려 자기 자신으로부터 스스로를 보호할 필요가 있다. 그리고 처음으로 해야 할 일, 즉 우리 자신을 보호하는 데에 필요한 첫 번째 일은 가이아를 전체성의 신으로 보지 않는 것이다. 다른 신 또는 다른 전체성, 다른 구성물이 있을지 모른다. 국소적 가이아는 일관된 전체를 이루지 않고 부분적 연결만을 추구한다.[21]

---

21   Bruno Latour, "Why Gaia is not a God of Totality" in *Theory, Culture & Society* Vol.

이러한 생각은 라투르의 저작 『지구와 충돌하지 않고 착륙하는 방법』[22]에서도 표현을 달리하여 반복적으로 설명된다. '지구'(the Globe)는 외부자의 시선, 즉 인간 문제에 무관심할 정도로 멀리서 사물을 파악하지만, '대지'(The Terrestrial)는 같은 사물을 가까이서, 인간의 매사에 매우 내밀하고 민감하고 빠르게 반응하면서 관찰한다. 여기서도 전체가 아닌 '부분'이 강조된다.

라투르의 '대지'(The Terrestrial)는 단지 인간이 거주하는 환경이나 배경을 의미하는 것이 아니다. 그것은 새로운 정치적 행위자다. 지구가 안정적일 때 사람들은 영토를 소유할 수 있다고 생각하고, 땅 위에서 자신들이 영원할 거라 믿었다. 그런데 이제 그 영토 자체가 인간과 맞서고, 인간 생활에 관여한다. 라투르는 생태학이 대지를 엄밀히 정의내리지 못한 결과, 19세기 이후의 사회 투쟁에서 발생한 변화의 정치적 동력을 생태로까지 끌어내지 못했다고 분석한다.

이러한 라투르의 대지 이론은 앞서 설명한 신유물론자 로지 브라이도티와 맥을 같이 하고 있다. 브라이도티는 『포스트휴먼』에서 대지로서의 정치적 행위자를 구체적으로 설명한다.

우리는 주체(subject)를 인간과 우리의 유전자적 이웃인 동물과 지구 전

34:2-3, 2017, p.79.

22   브뤼노 라투르, 『지구와 충돌하지 않고 착륙하는 방법: 신기후 체제의 정치』, 박범순 옮김, 이음, 2021, 66쪽. 영어 원서의 제목은 "Down to Earth"이고 2018년에 나왔다.

체를 포괄하는 횡단체(a transversal entity)로 시각화(형상화)해야 한다. 차크라바르티와 나는 지구중심적 관점(geo-centered perspectives), 생물학적 행위자에서 지질학적 행위자(geological agents)로의 인간의 위치 변화가 주체성과 공동체 개념 모두를 재구성할 것을 요청한다고 생각한다.[23]

브라이도티나 라투르의 이론은 기존의 생태주의처럼 수직적이고 초월적인 관점이 아니라, 땅에 접지하고 있기에 안으로 파고드는 내재적 행동방식을 취한다. 그래서 라투르의 지구 내 임계영역의 실험은 의미 있다. 브라이도티는 심층생태학을 주창하는 아르네 네스나 제임스 러브록의 가이아 가설에 대해, 총체성을 되살리고 지구 전체를 하나의 신성한 유기체로 보는 개념으로 복귀하는 이론이라며 거부한다. 브라이도티가 보기에 네스와 러브록의 전체론적 접근과 그것이 기반을 두고 있는 사회를 바라보는 이원론적 시각은 문제적이다. 이들은 지구를 산업화에, 자연을 문화에, 환경을 사회에 대립시킨 후, 자연과 환경의 편을 들기 때문에 소비주의와 기술관료적 이성과 기술문화를 과도하게 고발한다. 그러는 사이에 역설적으로 자신이 극복하고자 하는 그 이분법, 즉 자연과 문화/사회 사이의 분리를 다시 반복하게 된다.

지구에 대한 철학적이고 형이상학적 디자인이 없었던 초기에(1979) 제임스 러브록과 린 마굴리스가 처음으로 제시한 가이아 가설은 지구에 대

---

23   로지 브라이도티, 『포스트휴먼』, 108쪽. 번역은 인용자가 일부를 수정하였다.

한 진지한 담론을 촉발시켜 온 공로가 있다. 그러나 브라이도티가 보기에 이들의 이론에는 한계가 있다. 그래서 브라이도티는 "지구와 지구에서 타자로 머물렀던 이들을 직접 정치적 주체로 등장"[24]시킨다. 이들은 포스트휴먼, 즉 '지구-되기'에 대한 들뢰즈적 요청을 수행한다. 주지하다시피 들뢰즈는 '동물-되기', '곤충-되기', '분자-되기', '지각 불가능한 것 되기' 등을 통해 고정된 주체성에서 벗어나 존재 사이를 이동하고 변신하며, 그 과정에서 존재 역량을 발휘할 것을 촉구했다. 인간중심주의의 결과가 전 지구적 환경 위기를 초래한 인류세 시대에, 브라이도티는 주체성을 인간, 비인간 그리고 지구 전체를 포함하는 횡단적 존재자로서 다시 범주화하여 표현할 것을 제안한다. 그것이 들뢰즈 식으로 말하면 '지구-되기'이다. 그녀는 말한다; "지구를 횡단하는 모든 존재는 모든 종에 공통적인 비인간적 생성력과 활력으로 간주되는 '조에'(zoe)의 생명체다."[25] 브라이도티는 지구행성적 관점으로 탈-인간중심주의적 선회를 하는 것은 '인간'의 동물-되기와는 전혀 다른 규모의 개념적 격변이라며, 지

---

24 로지 브라이도티, 『변신』, 김은주 옮김, 꿈꾼문고, 2020, 491쪽.

25 참고로 조성환과 허남진은 디페시 차크라바르티의 '조에중심주의적 사고'를 소개한 바 있다: "차크라바르티는 지구화 이야기가 본질적으로 인간중심적이라고 지적하면서, 지구시스템이 인간만을 위한 것이 아님을 깨닫기 위해서는 인간중심주의적(Homocentric, anthropocentrism) 사고에서 생명중심적(Zoecentric, non-anthropocentrism) 사고로 전환해야 한다고 주장한다. 여기에서 차크라바르티가 말하는 '생명중심적 사고'는 비인간 존재들까지도 지구시스템의 일원에 포함시키고 있다는 점에서 '지구적 사고'라고 바꿔 말할 수 있다." (조성환·허남진, 「학문의 지구적 전환」, 더퍼블릭뉴스, 2021년 1월 15일.) 여기서 조에중심주의는 라투르, 차크라바르티, 브라이도티 등의 인류세 철학자들이 모두 공유하는 이론이 되고 있다.

구를 중심에 두는 주체는 어떤 모습일까를 묻는다.

브라이도티의 말대로 심층생태적 가이아(가이아1.0)가 문제 있는 개념인데도, 라투르는 왜 하필 지금, '지구'라는 용어 대신 심층생태적 가이아를 다시 왜 소환하는 것일까? 그 이유는 진화생물학자 린 마굴리스(Lynn Margulis)의 입장(공생설)을 긍정적으로 재검토하기 때문이다. 마굴리스의 공생설은 인간만이 지구를 변화시키는 게 아니라 지구 전체가 함께 서로 진화한다는 이론이다. 그녀는 『공생자 행성』에서 공생자로서의 지구에 대해 말한다. 공생자 가이아에서 만물은 함께 성장하는 것이다. 이런 인식은 점차 더욱 현대적으로 변해, 라투르에 와서는 '세속 가이아'(secular Gaia. *Facing Gaia*, 2017) 이론으로, 이자벨 스텐저스에서는 '침입자 가이아'(Gaia the Intruder) 이론으로, 인류세 시대에 맞는 새로운 가이아 형상화로 탈바꿈하고 있다. 이렇게 라투르와 스텐저스는 기후변화가 더 이상 진행되기 전 인류가 시간을 벌 수 있을 때, 인류 자신을 위한 거울로서 가이아의 모습을 활용한다.

마굴리스는 러브록과 오래도록 공조 작업을 해 오면서도 특유의 상호 침투적이자 통일적이지 않은 '자기 생성적 가이아'(autopoietic Gaia) 이론을 견지하고 있다. 브루스 클락은 바로 이런 마굴리스의 비전체론적인 가이아 개념이 스텐저스와 라투르가 추구하는 인류세 시대의 정치적 의사소통 방식의 요구를 효과적으로 충족시키고 있다고 설명한다.[26] 우리

---

26   Bruce Clarke, "Rethinking Gaia: Stengers, Latour, Margulis" in *Theory, Culture &*

가 아는 한 가장 간단한 자기생성적 개체가 박테리아 세포라면, 가장 큰 자기생성적 개체는 가이아다. 세포와 가이아는 생체의 속성을 보여준다. 가이아 내의 시스템은 생물과 비생물의 협력에서 비롯되며, 그래서 생물/비생물에 관한 전통적인 구분 방식을 무너뜨린다. 요약하자면, 라투르의 가이아2.0은 지구의 항상성과 안정성을 유지하며 인간이 살아갈 터전을 보살펴주는 자애로운 어머니 여신의 모습이 아니라, 인간이 통제할 수 없는 광포하고 잔인한, 비인간적인 힘으로 묘사된다. 인간의 무분별한 활동이 지구의 항상성을 회복 불가능한 정도까지 몰고 가는 순간, 과거에 공룡 등 다른 생명체들을 멸종시켰던 무자비한 가이아가 깨어난다. 이런 세속적 가이아는 새로운 형태의 지구중심주의를 갖고 온다(Bruno Latour, *Facing Gaia*, p.87, p.94). 우리는 현대 과학의 여명기에 코페르니쿠스 혁명이 서구 우주의 중심에 놓여 있던 지구를 태양 주위를 도는 행성으로 쫓아냈음을 기억한다. 이제 가이아 이론은 지구의 우주 중심성을 다시 인정하는 '신'지구중심주의를 불러온다. 브뤼노 라투르는 이렇게 말한다; "위에서 보았을 때 지구는 살아있는 유기체의 큰 수프와 같다." 그가 보기에 가이아 안에서 일어나고 있는 미생물의 지속적인 생성은 흡사 하나의 '애니메이션'이다. 이 애니메이션에서 주인공 캐릭터는 가이아라는 지구 행성 피부를 통해 퍼지는 무수하고 무한한 미생물이다. 맥주, 포도주, 식초 등 각종 발효식품을 만들어내는 효모처럼, 가이아 안에서도 공기, 물, 불,

Society, Vol. 34:4, 2017, p.7.

흙을 휘젓는 유기체 안에서 미생물이 화학작용을 일으키고 있다. 가이아의 생물 정치 속에서 인간은 여타 유기체들과 수평적 관계일 뿐이다.

이자벨 스텐저스는 라투르보다 더 재밌는 비유를 든다. 그녀는 자신의 책 『재난적 시대에서: 다가오는 야만주의에 대항하기』(In Catastrophic Times: Resisting the Coming Barbarism, 2015)에서 가이아의 행성적 자율성에 주목한다. 그녀는 자본주의 체제에서 지구로부터 자원을 추출하는 산업 활동이 가이아를 자극하고 현재의 예측할 수 없게 빠르게 진화하는 '침입' 모드를 만들었다고 말한다. 폭주하는 인간의 자원 추출에 대항해 스스로를 유지하려는 가이아(비인간)는 견디지 못하고, 참지 않고 있다. 스텐저스가 말하는 가이아는 현대 인류의 활동을 협박하고 저항한다. "가이아는 간질간질(Gaia is ticklish)하다"고 정체불명의 목소리가 선언한다. "우리는 가이아의 참을성에 의존하고 있다. 참지 못함을 조심하라."[27] 이 가이아는 코스모폴리티컬한 비유이며, 생태적 폭력에 대한 저항의 개념 자원이다. 스텐저스는 "가이아의 이름을 지정하고 다가오는 재난을 침입으로 특성화시키는 것은 실용적인 이유"라며 "이름을 짓는 것은 이름이 요구하는 방식으로 우리를 느끼고 생각하게 하는 힘을 부여한다"고 강조한다. 가이아를 "침입하는 자"라고 명명하는 것은 가이아가 야기하는 피해를 우리가 직시하지 못하고 있다는 특성을 부각시키는 것이다.[28] 앞서

27   Isabelle Stengers, *Thinking with Whitehead: A Free and Wild Creation of Concepts*, trans. Chase M. Cambridge, MA: Harvard University Press, 2011, p.164.

28   Isabelle Stengers, *In Catastrophic Times: Resisting the Coming Barbarism*, Trans.

소개한 라투르의 '애니메이션 가이아'와 스텐저스의 '간지러워하는 힘의 집합체인 가이아'는 순전한 물질적 역동성과 민감성을 드러내는 데 효과적인 수사학이다. 간지러워하는 가이아는 발작을 일으키기 쉬우며 고통스러워한다. 인류세 시대의 가이아는 우리의 행동에 민감해하며, 우리도 그에 대응해 '조심스럽고 민감해져야 한다.'

임계영역에서의 사고전시를 통한 주체의 지구-되기

라투르는 『지구와 충돌하지 않고 착륙하는 방법』에서 기후변화가 지구상의 모든 생명체에 영향을 미치는 이 상황을 "신기후 체제"로 명명하였다. '신기후 체제는 생태적 위기뿐만 아니라 정치문화사적 격변을 포함하는 것'이라는 윤리적 관점으로 우리가 옮겨가야 할 때라는 것이다. 과거에 정치학자들은 주로 물질이나 영토의 점유를 향한 국가 간의 싸움을 주제로 다뤄왔다. 오늘날 지구정치학은 거주할 수 있는 땅 자체, 지상에서의 거주의 지속 가능성 문제를 다룬다. 이 지점에서 인간이 전체성이 아닌 부분적 연결, 국소적인 영역인 임계영역(크리티컬 존)에서 살고 있음을 인식하는 것만으로도 새로운 비평의 근거가 생긴다. '임계영역'(Critical Zone)이라는 용어는 라투르가 지구 과학에서 빌려온 것으로,

---

Andrew Goffey, Open Humanities Press in collaboration with meson press, 2015, pp.44-45.

생명이 생성되는 표면인 지구의 생화학적이고 깨지기 쉬운 층을 의미한다. 라투르는 이 용어로 인류에게 지구 역사상 전례 없이, 지구에 대해 참여적인 관계로 들어설 것을 권유한다. 그 과정 중의 하나가 임계영역에서의 지도 그리기다. 그는 "인류세의 싸움에는 국제지질학회 같은 관료들의 복잡한 결정도 필요하지만, 각 임계영역이 강력한 지구형태변형적 힘으로 제공하는 지형학의 새로운 이미지를 제시하는 것도 중요하다."고 말한다. 그는 철학자 애나 칭의 "폐허 속에 살다"(living in the ruins)라는 표현을 빌려 와, 숭고한 자연이 아닌 '포스트자연' 속에 살고 있는 인류가 만들어가야 할 새로운 지구 이미지를 강조한다.[29]

그가 보기에 첫 번째 지구(Globe)는 우주에서 바라본 유명한 푸른 행성(Pale Blue Dot, 창백한 푸른 점)의 이미지다. 그러나 임계 영역에서 본 두 번째 지구는 완전히 다르다. 그것은 작고 연약하며 평형과는 거리가 멀다[임계'(critical)라는 단어의 또 다른 의미기도 하다]. 지구는 영속적이고 단일한 전체적 지구가 아니라, 내부적이며 논란 많고 다층적이며 논쟁의 여지가 있는 얽혀 있는 존재태(intermingling entities)이다. 어쩌면 일종의 간지러운 피부이다. 라투르는 이런 이미지의 대조를 표현하기 위해 사람이 탈착 가능한 장신구처럼 지구 위에 있는 게 아니라 분리될 수 없는 방식으로 지구 안에 존재한다고 말하는 것을 좋아한다. 라투르에게

---

29 Bruno Latour, "Is Geo-logy the new umbrella for all the sciences? Hints for a neo-Humboldtian university", the Cornell University, 25th October 2016.

우리는 지구인 형제자매(the Earthlings)이며 지구에 뿌리내린 존재들(the Earthbound)이다. 인류세 시대에서 부모-자식은 자연(nature)에서 태어나 사회라는 상징계에서 졸업하는 게 아니라, 요람에서 무덤까지 우리의 모든 삶을 피시스(physis), 즉 우리가 꿈에서도 절대로 빠져나오거나 탈출할 수 없는 그런 '자연'(physis) 한가운데서 보낸다. 이것이 바로 인류가 지구 '위'가 아니라 지구 '안'에 있다는 말의 의미다.

라투르가 차크라바르티와 함께, 기존의 시간적 역사철학에서 벗어나서 공간적으로 지구정치학적 근거를 마련하려는 이유는 우리가 이미 하나로 통일할 수 없는 여러 행성으로 흩어졌기 때문이다. 그래서 라투르는 세계(World)도 글로브(Globe)도 지구(Earth)도 글로벌(Global)도 아닌, 가이아(Gaia) 또는 대지적(Terrestrial)인 공간을 설명하고자 한다. 대지적 공간인 임계영역에서 비인간 및 인간 행위자는 네트워크적으로 밀접하게 얽혀 있다. 예를 들어 하수 침전물 정화 과정에는 인간과 미생물 군집과 다양한 종류의 해양 및 육상 서식지가 서로 얽혀서 각자 영향력을 행사하고 있다. 그래서 임계영역은 우리의 서식지일 뿐 아니라 더 나은 비인간과의 동거를 위한 접촉 구역(contact zones)이다.

인류세 시대에 접어들면서 예술가들은 자신의 전시공간에서 헤게모니 지식을 해체하고 지구에 관한 새로운 인식을 일깨울 수 있는지 묻기 시작했다. 오스트리아 비엔나의 예술가이자 담수 생태학자인 크리스티나 그루버가 대표적이다. 그녀의 작품 〈Water Bodies〉에서 강(江)은 물벼룩이나 철갑상어와 같은 원시 물고기와 함께 그 안에 사는 모든 유기체와 생물 모두를 의미한다. 과학과 예술의 경계를 가로지르는 그는 팟캐스트를 통해 동료 예술가와 함께 미시시피의 무인 늪지대와 다뉴브 해역을 여행하며 인간이 풍경에 미치는 영향과 지구 표면의 모양을 조사해 전시한다. 라투르가 디페시 차크라바르티, 도나 해러웨이, 이자벨 스텐저스, 피터 바이벨 등의 학자, 예술가, 작가들과 함께 참여하고, 칼스루에 대학이 주관한 ZKM 예술 및 미디어 센터의 2020 전시는 이렇게 기후 변화에 직면한 세계를 묘사한다. 전시도록에 실린 텍스트와 500여 개의 삽화는 인간이 지구에 뿌리내리고 착륙할 수 있도록 하는 새로운 풍경을 탐구한다. 임계영역이든 가이아든 대지의(terrestrial)이든 뭐라 부르든 간에, 지구 안에서 인간이 살 수 있는 곳을 재설계하고 지정학적 대안을 여는 역할을 맡는다. 이 '사고전시'는 새로운 기후 체제를 탐구할 수 있는 가상공간을 열어준다.

지구를 보는 관점의 전환

조선의 홍대용과 프랑스의 브뤼노 라투르라는 두 사상가의 지구적 관점 전환은 동서양과 250여 년의 시간차(밀레니엄의 4분의 1)를 두고 일어난 일이다. 이들은 우리가 사는 지구에 대한 관점을 전환하는 사회정치적 혁신을 주장한다는 점에서 유사하며 동질적이다. 우주에서 지구의 위상이 바뀔 때마다 사회 질서의 혁명이 이어졌다. 갈릴레오가 지구를 태양 주위로 움직이는 것으로 정의했을 때 사람들은 사회의 전체 구조가 공격받고 있다고 느꼈다. 4세기가 지난 오늘날 지구의 역할과 위상은 '신기후 체제'라는 새로운 과학적 패러다임에 의해 격변을 겪고 있다. 산업

혁명 이후 인간의 활동은 지구를 예상치 못한 식으로 밀어 붙였고, 신기후 체제로의 이행을 가속화하고 있다. 우주 질서를 흔들면 정치 질서도 흔들릴 것이다.

오늘날 우리가 살고 있는 땅은 최소한 두 가지 다른 정의를 갖는다. 첫째는 우리가 국민으로서 권리를 얻는 주권 국가라는 땅이고, 둘째는 우리가 거주하고 숨쉬는 땅이다. 우리가 거주하는 땅은 지구 또는 초월적 관점에서 보는 푸른 행성(Pale Blue Dot)이 아니라 일련의 부분적이고 국소적인 그래서 거칠고 불연속적인 임계영역에 가깝다. 여기서 필요한 것은 주체의 지구-되기이며, 다른 이질적 존재자를 만날 수 있도록 민감성과 공생성을 장착하는 일이다. 18세기의 홍대용은 리(理)와 태극의 전체성으로서 하늘이 가진 위계적 관점에서 벗어나 자연천의 관점[天視]에서, 우리가 지구에서 인간보다 더 우월할 수 있는 비인간과의 상호관계를 맺어야 한다고 말했다. 홍대용의 시각은 임계영역이라는 얇은 피부에서 생물들이 공존하면서 서로 영향을 주고받고 서로를 스승 삼아 배우는 라투르식 생태계 개념과 상당히 유사하다. 라투르는 『우리는 근대인이었던 적이 없다』에서 자연과 사회의 구분을 없애고 '사물의 의회'를 만들 것을 제안했다. 『지구와 충돌하지 않고 착륙하는 방법』에서는 지구적 전환을 촉구한다. 라투르의 사유가 고대 코스모스에서 서구 근대 과학적 지구(유니버스)로 갔다가 다시 인류세 시대의 지구중심적 사고로 돌아온 신코스모스로의 이동이라면, 홍대용이 일으킨 지구적 전환은 고대 천인합일(天人合一), 천원지방(天圓地方)이란 고전적 코스모스에서 명시적으로 인간-자연의 구분을 없앤 '천인물합일'(天人物合一) 코스모스로의 이동이다.

특히 '활물'(活物)로서의 만물이 동등한 서열을 갖고 각자의 차이를 존중하면서 공생을 추구하는 홍대용의 새로운 정치생태학은, 서구 근대를 극복하려는 라투르의 방향과 유사하다. 단일화되고 전체화된 과학(Science)의 독주로부터 벗어나 만물이 역동적으로 자기 행위성을 다시 찾도록 하려고 하는 라투르의 부분적인 '여러 지구-이야기'(geo-stories), '여러 과학들'(sciences)이 가고자 하는 돌파구를 미리 보여줬다고 할 수 있다. 홍대용은 지구가 인간에 의해 간지럽힘을 당하기도 전인 가이아1.0의 시대에 이미 가이아 2.0의 시기를 내다보고 지구를 구할 채비를 한 것은 아닐까? 그런 점에서 홍대용과 이자벨 스탠저스와 로지 브라이도티, 린 마굴리스, 그리고 브뤼노 라투르는 모두 비인간 참여자들과 인간 참여자들이 함께 하는 지구의 부분적 연결을 소중히 여기는 지구의 새로운 정치, 즉 코스모폴리틱스를 주장하고 있다고 볼 수 있지 않을까?

The discovery of planetary humanities

제3장

지구를 공경하는 종교

허남진·이우진

이 장에서는 지구인문학의 학문적 모토를 지향하면서 인간과 지구의 관계 정립을 위한 '지구종교'의 방향성을 모색한다. 여기에서 '지구종교'란 '인간과 지구의 상생을 위해 지구를 하나의 공동체로 인식하며 지구를 공경하는 종교'를 말한다.

먼저 제1절 "토마스 베리의 지구인문학"에서는 한나 아렌트의 '지구소외'와 제임스 러브록의 '가이아론', 브뤼노 라투르의 '지구에 묶인 자' 등의 논의를 통해, 지구에 대한 인간의 시선이 탐구나 정복의 대상에서 '공동운명체'로 변모하고 있음을 살펴본다. 다음으로 그러한 시선의 변화에 깊은 통찰력을 제공한 토마스 베리의 지구학과 지구종교에 대해 검토한다. 베리의 지구학은 인간의 지구학살로 죽어가고 있는 지구를 살리기 위해 '과학적 우주론'과 '종교적 우주론'을 융합하여 우주론적 패러다임의 전환을 촉구하는 학문이다. 또한 그의 지구종교론은 지구이해를 통해 지구와 인간, 비인간 존재들과의

관계를 다시 연결시킬 수 있는 사상적 자원을 발굴하고 재해석하는 작업이다.

제2절 "지구를 모시는 종교"에서는 '지구를 공경하는 종교'를 '지구종교'라고 개념화하고, 그러한 사례를 폴 왓슨, 래리 라스무쎈, 브론 테일러 등을 통해 살펴본다. 이어서 토마스 베리가 지구종교적 지혜를 아메리카 인디언의 토착적 세계관에서 찾았던 것처럼, 근대 한국의 개벽사상을 지구종교와 지구윤리로 재해석한다. 해월 최시형의 천지부모(天地父母)와 이천식천(以天食天), 소태산 박중빈의 사은(四恩), 정산 송규의 삼동윤리(三同倫理) 등은 '지구공동체' 개념과 상통하고, 지구윤리로서 충분한 가치를 지니고 있음을 확인한다.

토마스 베리의
지구인문학

지구를 보는 두 가지 시선

최근에 인류가 겪고 있는 팬데믹과 기후위기는 지구가 회복 불가능한 임계점에 도달했다는 '지구위험시대'의 징후로 간주되고 있다. 다시 말해, 지구와 인간이 총체적인 위기에 직면하였음을 상징적으로 보여준다. 제러미 리프킨(Jeremy Rifkin)은 코로나를 "기후변화가 낳은 팬데믹"이라고 단언한다. 그는 이 사태가 "세상에 있는 모든 것이 하나의 망으로 연결돼 있다는 것, 우리가 한 가족이라는 것, 우리가 함께하지 않으면 다 같이 무너진다"는 것을 가르쳐준다면서 인간중심주의에서 벗어나 모든 종(種)과의 공존을 추구할 것을 설파하였다.[1] 결국 코로나19와 기후위기는 인간과 지구의 관계에 대한 재성찰, 나아가서 지구와 만물에 대한 인간의 태도 전환을 요청하는 것이다. 이제 우리는 지구와 인간, 만물과 인간의 관계를 다시 정립하여 공생의 길을 새롭게 모색해야 한다. 이러한 문제의식 하에 다양한 학문 영역에서 인간중심주의를 극복하고 지구공동

---

1 "[7인의 석학에게 미래를 묻다] ② 제러미 리프킨",《경향신문》, 2020년 5월 14일.

체주의로 나아가기 위한 전환이 시도되고 있다. 이 책에서 모색하고 있는 '지구인문학'은 지구위험시대의 절박한 요청에 따라 지구와 인간이 상생하는 길을 찾는 학문적 탐색이자 운동이다. 지구인문학은 서구중심주의와 인간중심주의에서 탈피하여 지구를 하나의 공동체로 인식하고, 인간 이외의 존재도 지구공동체의 구성원에 포함시켜 인문학의 대상으로 삼는다.[2]

이 장에서는 지구인문학의 관점에서 인간과 지구의 관계 정립을 위한 '지구종교'의 필요성을, 토마스 베리의 사상을 중심으로 제기하고자 한다. 오늘날 지구종교라는 용어는, 서구중심주의를 극복하기 위해서 등장한 '지구사'와 마찬가지로, 유럽중심주의가 짙은 '세계종교'(world religion) 개념의 대안으로 사용되고 있다.[3] 하지만 이 글에서 제안하는 지구종교는 지구인문학의 연구 영역으로서, 서구중심주의와 인간중심주의를 모두 극복하는 데 유의미한 종교적 지혜와 흐름을 새롭게 발견하기 위해 재정의된 개념이다. 거칠게나마 그 개념을 정의하면, '인간과 지구의 상생을 위해 지구를 하나의 공동체로 인식하며 지구를 공경하는 종교'라고 할 수 있다. '지구신학자'(geotheologian) 혹은 '지구학자'(geologian)로 일컬어지는 토마스 베리(Thomas Berry)는 지구종교를 논의하는데 있어 중요

---

2   조성환 · 허남진, 「지구인문학적 관점에서 본 한국종교: 홍대용의 『지구문답』과 개벽종
    교를 중심으로」, 『신종교연구』 43, 2020, 100-102쪽.

3   Mark Juergensmeyer, "World religions", Helmut K. Anheier and Mark Juergensmeye.
    eds., Encyclopedia of Global Studies, California: SAGE, 2012, p.1820.

한 계기를 제공한 인물이다.[4] 베리는 인간과 지구의 화해와 평화를 주장하면서, 과학적 우주론과 종교적 우주론을 융합하여 "우주의 역사-지구의 역사-인류의 역사"를 통합한 '전-지구사'의 필요성을 주장하였다. 또한 "지구는 새로운 법을 요구한다"(Earth needs a new Jurisprudence)고 하면서, 비인간 존재들의 권리를 보장하기 위해 지구법(Earth Jurisprudence)을 제안하기도 하였다.[5]

현재 지구위기와 관련하여 인류세(Anthropocene)에 대한 논쟁이 활발하다. '인류세'라는 용어는 2000년대 초에 지구시스템과학자들이 "인간의 활동이 지질학적 차원에서 지구 환경 변화의 결정적 원인"임을 나타내기 위해 고안한 개념이다. 그 용어를 최초로 제안했던 파울 크뤼천(Paul Crutzen)은 인류세의 시점을 산업혁명 시기로 규정하고, 그때부터 지구의 대격변이 시작되었다고 주장하였다. 이와 같이 인류세에 대한 논의는 지구위기를 초래한 전-지구적 자본주의, 과학기술, 인간중심주의 등의 근대성에 대한 반성 위에서 이루어진 것이다. 특히 클라이브 해밀턴(Clive

---

4   송효진은 토마스 베리의 입장을 신학에서의 돌연변이에 가깝다는 그의 고백에 근거하여, 토마스 베리의 사상을 '지구신학(Geo Theology)'으로 지칭하였다. 송효진, 「우주론적 생명해방신학의 가능성 탐구: 토마스 베리의 '지구신학'을 중심으로」, 감리교신학대학 석사학위논문, 2009.

5   토마스 베리의 지구법은 알도 레오폴드(Aldo Leopold)의 대지윤리(the land ethic), 아르 내스(Arne Naess)의 심층생태학(deep ecology), 나무도 소송할 권리가 있어야 한다고 주장한 크리스토퍼 스톤(Christonpher Stone) 등에 영향을 받았다. Michelle Maloney and Sister Patricia Siemen, "Responding to the Great Work: The Role of Earth Jurisprudence and Wild Law In the 21th Century" in *Environmental and Earth Law Journal*, Vol. 5, Issue.1-2, 2015, p.8.

Hamilton)은 인류세 개념이 인간에게 강한 책임감을 부여하고 있다면서, 지구와 인간의 관계를 새롭게 정립할 필요성을 제기하였다.[6] 이 장은 이러한 문제의식에서 지구와 인간의 관계를 회복시키고자 했던 토마스 베리의 사상을 '지구종교'라는 관점에서 검토하고자 한다.

본격적인 논의에 앞서 인간과 지구의 관계의 재성찰을 위해 지구에 대한 두 가지 시선을 살펴보도록 하겠다. 1957년 10월 4일, 인류는 세계 최초의 인공위성 '스푸트니크(Sputnik) 1호'를 우주로 발사하였다. 이에 대해 어떤 기자는 "인간이 지구라는 감옥에서 탈출할 수 있는 첫걸음"으로 묘사하였다. 한나 아렌트(Hannah Arendt)도 자신의 저서 『인간의 조건』(The Human Condition)의 첫머리에 "1957년 인간이 만든 지구 태생의 한 물체가 우주로 발사됐다"면서 스푸트니크 1호 발사 사건을 언급한 바 있다. 하지만 두 사람의 입장은 완전히 달랐다. 아렌트는 지구를 가장 핵심적인 '인간의 조건'으로 인식하고, 지구로부터 탈출하고자 하는 인간의 욕망을 근대 기술문명 시대의 근본악으로 규정하였다. 알도 레오폴드(Aldo Leopold)의 대지공동체(land community) 개념이 시사하듯이, 인간은 대지(大地)에 거주하는 자이며, 흙(humus)에 뿌리내리는 존재이다. 인간은 다른 생명체나 사물들과 함께 대지(지구) 위에 거주하고 있다. 이것이 바로 '인간의 조건'이다.

6　클라이브 해밀턴, 『인류세: 거대한 전환 앞에 선 인간과 지구시스템』, 정서진 옮김, 이상 북스, 2008, 92쪽.

이러한 입장에 서 있는 아렌트는 우주로 나아가려는 인간의 시도는 인간의 조건인 지구를 거부하는 행위이고, 인공위성 발사와 우주탐험을 가능케 한 과학기술은 지구를 소외시키는 수단에 불과하다고 보았다. 아렌트는 이러한 인간의 행위와 수단을 '지구소외'(earth alienation)로 개념화하고 근대 과학기술이 낳은 부정적인 산물로 규정하였다. 인간의 아버지인 신(神)을 거부하면서 시작된 서구 근대의 인간 해방의 여정은 이제 과학기술을 통해 만물의 어머니인 지구소외로 치닫게 되었다는 것이다.[7] 인간이 지구에 묶인 존재임에도 불구하고 지구상의 모든 생물을 파괴하고 언젠가는 지구 자체도 파괴될 수 있다는 경고이다. 지구와 자연이 인간의 탐구와 정복의 대상이 됨으로써 비극적 사태가 도래하고 있다는 지적이다.[8] 인간은 과학기술의 힘을 통해 어머니 대지의 지배를 벗어나 대지의 지배자로 우뚝 섰지만, 그곳은 결국 파멸로 향하는 막다른 벼랑 끝이었다.[9]

이와 같이 지구를 정복의 대상으로 보는 입장과는 달리, 지구는 하나의 거대한 생명체이며 인간 또한 지구 구성원의 일부라고 이해하는 입장이 있다. 제인 베넷(Jane Bennett)의 신유물론의 표현을 빌리면, 지구를 무력하고 수동적이며 힘이 없는 물질이 아닌 '생동하는 물질'(Vibrant Matter)

---

7   한나 아렌트,『인간의 조건』, 이진우 옮김, 한길사, 2019, 78-79쪽.

8   위의 책, 380쪽.

9   나카마사 마사키,『한나 아렌트『인간의 조건』을 읽는 시간』, 김경원 옮김, arte, 2018, 17쪽.

로 보는 인식이 그러하다. 실제로 우주에서 바라본 파란 지구의 모습은 인간이 그때까지 가졌던 지구에 대한 인식을 뒤바꿨다. 아이작 아시모프(Isaac Asimov)는 1982년에 있었던 스푸트니크 발사 25주년 경축행사에서, 우주 활동 시대의 업적을 '지구와 인류가 하나의 단일한 실체로 구성되어 있음'을 인식하게 된 것이라고 평가하였다. 즉 지구·인간·만물이 단일한 유기적 실체를 구성하면서 생명의 그물망으로 연결되어 있음을 깨닫게 해주었다는 것이다.[10]

이와 같은 지구에 대한 인식 전환은 제임스 러브록(James Lovelock)의 '가이아'(Gaia) 개념으로 이어졌다. 러브록은 1970년 대에, 「대기권 분석을 통해 본 가이아 연구」(1972), 「지구상의 생명을 보는 새로운 관점」(1978) 등의 논문을 통해 자신의 지구론을 발표하였다. 특히 그의 대표 저작인 『가이아』(Gaia)의 부제가 '지구의 생명을 바라보는 새로운 관점'(A new look at life on earth)이라는 것에서 알 수 있듯이, 그는 생명에 대한 새로운 이해를 통해 지구를 새롭게 인식할 것을 촉구하였다. 그에게 있어 생명이란 외부 환경으로부터 취한 에너지와 물질을 사용하고 배출시킴으로써 자신의 내부 엔트로피를 감소시킬 수 있는 자기조직화의 체계이다. 그래서 그의 지구론은 생물과 무생물의 이분법적 사유를 넘어서 있다. 러브록은 또한 지구와 그 안에서 살아가는 모든 생명체들이 맺는 상

---

10 레오나르도 보프, 『생태 공명: 지구의 울부짖음, 가난한 사람들의 울부짖음』, 황종렬 옮김, 대전가톨릭대학교출판부, 2018, 45-46쪽. 이하, '레오나르도 보프, 『생태 공명』'으로 약칭.

호관계에 주목하였다. 그는 지구의 생물권이 물리·화학적인 환경과의 상호작용을 통해 생명체가 살기에 적절한 방식으로 환경을 바꾸어 왔다고 주장하면서, 생물권(biosphere)을 포함한 지구 전체를 고대 그리스 신화에 나오는 대지의 여신 '가이아'라고 명명하였다. 생명체를 단순히 환경에 적응하는 수동적 존재가 아니라, 주변 환경을 자신이 생존에 유리한 상태로 변화시킬 수 있는 지구시스템의 중요한 요소로 파악한 것이다. 이러한 시각에서 보면, 인간은 지구의 지배자나 소유자가 아니라, 가이아의 파트너이자 일부분이다. 그래서 러브록은 인간은 가이아의 일원으로서 매우 민주적인 방식으로, 정의롭게 살아감으로써 가이아의 안정된 상태를 유지해야 한다고 보았다.[11]

러브록의 지구론은 20세기 말 지구 생명체와 대기가 서로 영향을 주고받으며 조절하는 관계에 있다는 사실이 과학적으로 증명되면서 마침내 그 가치를 인정받게 된다. 또한 그의 지구론은 지구 전체를 물리·화학·생물학적 요소 및 인간으로 구성된 하나의 '자기 조절 시스템'으로 파악하는 지구시스템 과학이 등장하는 데에도 중대한 기여를 하였다. 뿐만 아니라 인문학에도 영향을 끼쳤는데, 과학인문학자 브뤼노 라투르(Bruno Latour)는 기후위기에 대응하기 위한 방안을 러브록의 가이아 개념을 통해 모색하고자 하였다. 하지만 그는 가이아를 러브록과 약간 다르게 독

---

11   제임스 러브록, 『가이아: 살아있는 생명체로서의 지구』, 홍욱희 옮김, 갈라파고스, 2018, 241-290쪽.

해한다. 라투르는 사물이나 자연 같은 비인간적인 객체에도 정치적 지위나 주체성을 부여해야 한다는 '행위자-연결망 이론'(Actor-Network Theory)을 정립하였다. 그는 아렌트와 유사하게 인류세의 인간을 '지구에 묶인 자'(the Earthbound)라고 정의한다. 아울러 인간과 분리된 객관적 실체로서 자연을 바라보는 기존 관점에서 벗어나, 가이아를 능동적인 비인간 행위자로 규정한다. 가이아를 어머니의 위치에서 해방시키고, 지구에 묶인 자들과 함께하는 공동 운명의 존재로 격하시킨 것이다. 그에게 가이아는 지배의 대상도 아니며 복종해야 하는 권력을 지닌 존재도 아니다. 끊임없이 타협하고 교섭해야 하는 정치적 존재이다.[12]

　이와 같이 지구에 대한 인간의 시선은 분석이나 정복의 대상에서 서로의 운명을 책임지는 공동운명체로 점점 이동하고 있다. 이러한 지구 인식에 깊은 통찰력을 제공한 사상가는 토마스 베리이다.

토마스 베리의 지구학

　토마스 베리의 주된 관심은 '지구살림'이다. 살충제와 제초제로 인해 생태계가 파괴되고 있다고 경고한 레이첼 카슨(Rachel Carson)의 『침묵의 봄』(Silent Spring, 1962)은 세계 환경운동의 기폭제가 되었다. 베리 역

12　Bruno Latour, *Facing Gaia: Eight Lectures on the New Climatic Regime,* translated by Catherine Porter, Cambridge: Polity, 2017, pp. 280-281.

시 『침묵의 봄』에 자극을 받아 문화사학자에서 '지구학자'(geologian)로 전향하였다. 여기서 '지구학자'란 신학자(theologian)의 신(theo)의 자리에 지구(geo)를 넣어 만든 베리의 신조어이다.[13] 베리는 가톨릭 신부이자 과학자인 떼이야르 드 샤르댕(P. Teilhard de Chardin)의 신학적 패러다임을 대부분 계승하였지만, 샤르댕의 인간중심적(anthropocentric)이고 그리스도교 중심적인 입장에서 벗어나 생명중심적(biocentric)이고 지구중심적(geocentric)인 관점을 지향한다. 가령 1999년에 쓴 『위대한 과업』(The Great Work)에서 오늘날 생태위기의 시스템적 원인 분석을 통하여 지구 위험시대에 인간이 지구에서 살아가는 법을 제시하였다.[14]

베리에게 지구는 인류에게 단 한번 주어진 선물이다. 그는 지구가 강한 재생력을 가지고 있지만, 그것에도 분명한 한계는 있고, 그 한계를 초과할 경우 재생할 수 없는 임계점이 있음을 주지시킨다. 특히 인간의 '지구학살'(geocide)로 인해 모든 생명의 조건인 지구가 죽어가고 있다고 경고한다. 베리에 의하면, 지구위기의 일차적 원인은 산업화된 세계를 살아가는 인간의 믿음 체계에 있다. 그 믿음 체계란 인간을 자연세계의 나머지 존재와 구분하여, 인간이 가장 중요한 존재이고, 자연세계는 단지 인간을 위한 객체의 집합에 불과하다는 인간중심주의(anthropocentrism)이다. 이러한 세계관이 현대 산업사회의 경제, 교육, 종교, 법 등 모든 영

---

13   토마스 베리 · 토마스 클락, 『신생대를 넘어 생태대로』, 김준우 옮김, 에코조익, 2006, 235쪽. 이하, '토마스 베리 · 토마스 클락, 『신생대를 넘어 생태대로』'로 약칭.
14   토마스 베리, 『위대한 과업』, 8쪽.

역의 토대를 이루고 있다고 베리는 주장한다.[15]

아렌트가 지구를 '인간의 조건'으로 설정했다면, 베리는 지구를 '인간을 포함한 모든 생명의 조건'으로 규정한다. 그리고 만물이 지구라는 조건 위에서 하나의 지구공동체(Earth community)를 이루며 살고 있다고 보았다. 베리의 지구공동체 개념은 지구를 생명이 없는 삭막한 행성으로 보는 것이 아니라, 살아있는 유기체로 보는 입장에서 출발한다. 이는 러브록의 가이아 이론처럼, 생명을 '자기-조직화'의 관점에서 이해하는 것이다. 베리에 의하면, 생명이란 자기-조직화를 이루는 관계들이 엔트로피(Entropy, 에너지의 분산)를 극복하기 위해 신트로피(Syntropy, 에너지의 경제)를 높여주는 형태로 상호영향을 미치는 과정이다. 이 점에서 지구 역시 하나의 살아 있는 유기체이고, 그 안에 균형을 유지하려는 '항상성'을 지니고 있다는 입장이다. 인간은 이와 같은 지구시스템에 의존하고 있다. 베리는 인간을 지구시스템의 하부 시스템으로 바라보면서, 이를 지구와 인간이 맺는 관계로 설명한다. 인간이라는 하부 시스템이 효율적으로 작동하기 위해서는 지구시스템을 온전히 보존해야 한다는 것이다. 이러한 관점에서 베리는 지구공동체를 최우선으로 간주해야 한다고 주장한다.[16]

알도 레오폴드(Aldo Leopold)는 자본주의에 물든 현대인들이 대지(大地)

---

15   위의 책, 40쪽.; 토마스 베리, 『황혼의 사색: 성스러운 공동체인 지구에 대한 성찰』, 박만 옮김, 한국기독교연구소, 2016, 16-17쪽. 이하 '토마스 베리, 『황혼의 사색』'으로 약칭.

16   토마스 베리, 『황혼의 사색』, 17-19쪽.

를 상품화하여 남용하는 현실을 비판하면서 '대지윤리'(Land Ethic)를 주창한 바 있다. 그의 대지윤리는 지구에 거주하는 동물, 식물, 토양, 물 등의 모든 존재들을 포함하는 대지공동체를 도덕적 고려의 대상으로 삼아야 한다는 윤리이다.[17] 레오폴드의 대지공동체와 마찬가지로, 베리는 인간과 만물을 지구의 구성원으로 파악하였다. 또한 인간과 만물을 포함하는 하나의 통합된 지구공동체가 존재하며, 그 공동체 내에서는 모든 존재가 자신의 역할과 존엄성 및 자생성을 지니고 있다고 주장하였다. 나아가서 모든 존재는 다른 존재와의 긴밀한 상호관계 속에서 서로 선물을 교환하는 은혜의 관계로 얽혀 있다고 보았다. 은혜의 관계로 상호 연결된 지구공동체의 모든 구성원은 생존에 필요한 영양을 공급받기 위해 다른 구성원들에게 직·간접적으로 의존하고 있다. 예컨대, 지구는 생명 진화에 필요한 조건들을 제공하며, 인간은 지구의 공기를 호흡하고 지구의 물을 마시고 지구의 음식물을 먹어야만 생존할 수 있다.

베리는 이상의 지구론을 바탕으로 지구와 인간의 어긋난 관계를 회복하는 '위대한 과업'을 제안한다. 그리고 그 과업을 위해 세계 원주민들은 이미 '모든 존재들의 협의회'(Council of All Beings)와 같은, 자생적으로 형성된 지구공동체 인식이 발달해 있다는 사실에 주목한다. 특히 그는 지구와 인간의 관계를 회복하기 위해 토착사상에 주목할 것을 제안한다.

---

17 알도 레오폴드, 『모래 군(群)의 열두 달: 그리고 이곳 저곳의 스케치』, 송명규 옮김, 따님, 2020, 244-268쪽.

토착사상에서 보이는 지구(자연)에 대한 태도, 즉 착취해도 좋은 객체로서가 아니라 상호존중의 자세로 교류하는 주체로서 지구를 인식하는 태도가 필요하다는 것이다. 다시 말해 토마스 베리는 지구상의 모든 존재가 하나의 지구공동체를 형성하고 있음을 인식하고, 그에 걸맞은 태도를 보여줄 때에 지구 치유가 이루어질 수 있다고 선언한다.[18] 결국 베리의 '위대한 과업'은 지구와 인간의 관계를, 인간의 파괴적 행동에 지구가 보복적으로 반응하는 상극의 관계에서, 서로를 의지하는 상호증진적인 관계로 변화시키는 일이다.

베리는 이러한 위대한 과업이 이루어지는 새로운 시대를 '생태대'(Ecozoic Era)라고 명명한다.[19] 생태대는 인간이 지배자나 초월자로 지구 위에 군림하는 시대가 아니다. 생태대는 인간과 지구가 상호증진적(mutually-enhancing)이며 상생 관계를 이루는 지구공동체(earth community)가 확립된 시대이다.[20] 베리는 이러한 생태대로 비약하기 위해서는 다음의 조건들을 갖춰야 한다고 주장한다.

    1] 우주는 객체들의 집합이 아니라 주체들의 교제임을 깨달아야 한다.
    2] 지구는 총체적으로 기능할 때에야 비로소 존재할 수 있으며 살아남

---

18   토마스 베리, 『황혼의 사색』, 16-17쪽; 토마스 베리, 『위대한 과업』, 35-37쪽.
19   베리의 『신생대를 넘어 생태대로』의 원제목은 "Befriending the Earth: A Theology of Reconciliation Between Humans and the Earth"로 번역하면 "지구와 친구맺기: 인간과 지구의 화해 신학"이다.
20   토마스 베리, 『지구의 꿈』, 16-17쪽.

을 수 있음을 깨달아야 한다. 특히 지구에 대한 성스러움을 깨달을 필요가 있다.

3] 지구는 단 한 번 주어진 것임을 깨달아야 한다.

4] 지구가 일차적이고 인간은 부차적 존재임을 깨달아야 한다.

5] 지구의 전체적인 기능이 신생대에서 생태대로 이행가고 있음을 깨달아야 한다.

6] 생명학살(biocide)과 지구학살(geocide)이 절대악이라는 사실을 분명히 하는 윤리적 원칙이 필요하다.[21]

결국 생태대의 실현은 인간을 지구공동체의 일원으로 인식하고, 만물을 착취의 대상이 아닌 서로 사귀는 주체로 바라보아야 가능하다. 다시 말하면 우주론의 패러다임이 전환되어야 한다. 이와 더불어 베리는 지구학살로 인해 지구위험이 초래된 보다 근본적인, 그리고 인간적인 차원의 원인은 '이야기의 부재(不在)'에 있다고 보았다. 그리고 인간과 지구의 관계를 새로이 확립하고 지구에 대한 경외심을 불러일으키기 위해 '생태대 신화 이야기'를 창조하였다. 그것이 바로 과학·종교·역사를 통합하여 서술한 『우주이야기』(The Universe Story)이다.[22]

이상을 정리하면, 베리의 지구학은 인간의 지구학살로 죽어 가는 지구

21   토마스 베리 · 토마스 클락, 『신생대를 넘어 생태대로』, 154-165쪽.
22   토마스 베리, 브라이언 스윔 , 『우주이야기』, 맹영선 옮김, 대화문화아카데미, 2010.

를 살리기 위하여 '과학적 우주론'과 '철학적 우주론', 그리고 '종교적 우주론'을 융합하여, 기존의 우주론 패러다임의 전환을 촉구하는 학문이라 할 수 있다.

새로운 종교학의 모색

토마스 베리는 현대인이 지구의 소리를 듣지 못하는 불감증으로 인해 심층적 차원에서 지구와 신비적인 친교를 나누지 못한다고 생각했다. 그래서 그는 지구위기의 원인을 '지구에 대한 종교적 경외심의 상실'에서 찾는다. 베리에 의하면, 인간이 지구상에 등장한 이래로 문화 유전을 통해 종교적 심성이 부호화(coding)되어 왔다. 하지만 인간중심주의와 흑사병, 기술공학과 산업경제로 인해 지구의 영적 측면이 거부되었고, 과학기술문명 시대가 도래함에 따라 상업적·과학적 감각이 종교적 영성의 자리를 대체하게 되었다.[23] 이로 인해 인간은 지구의 성스러움을 인식하여 경외심을 갖는 심성을 상실하게 되었다는 것이다.

따라서 생태대의 창조적 국면으로 비약하기 위해서는 무엇보다도 새로운 종교 전통을 마련하는 것이 시급하다고 베리는 주장한다. 우선 현재의 종교의 한계를 인식하고 우주의 신성한 차원을 깨닫는 종교적 감수성을 개발해야 한다. 베리에 따르면, 오늘날의 종교는 신생대의 감수성

23　토마스 베리, 『그리스도교의 미래와 지구의 운명』, 황종렬 옮김, 바오로딸, 2011, 127쪽.

을 간직하고 있다. 우주가 주체들의 연합임을 사람들에게 각성시키기 위해서는 언어·종교·도덕·경제·교육·과학 모두 인간중심에서 생명중심(biocentric)과 지구중심(geocentric)으로 변해야 한다.[24]

베리는 이 중에서도 특히 종교의 역할에 주목한다.[25] 그는 기성 종교를 다음과 같은 이유로 비판하였다. 먼저, 기존의 서구 종교는 구원을 이 세상 밖에서 이루어지는 것으로 이해하였기에 인간과 자연 세계를 분리시켰고, 그로 인해 종교의 존재 이유를 약화시켰다. 또한, 서구의 종교들은 자연환경과 지구공동체에 관심을 두지 않고, 오직 신(神)과의 언약(言約) 관계에만 집중하였다. 그래서 지구와의 관계에서 종교 자체의 의미와 종교의 역할을 재고해야 한다.[26] 이와 같이 베리는 그리스도교를 포함하여 기성종교들은 과도하게 초월을 지향했다고 비판하면서, 지구위기의 원인을 자연에 대한 종교적 감수성의 결여에서 찾았다.

한편 베리는 인간 역사의 각 시대마다 독특한 과업이 존재한다고 보았다. 그 과업은 바로 '매개'이다. 첫째 매개는 신적인 것과 인간적인 것 사이의 매개, 둘째 매개는 인간 상호 간의 매개, 셋째 매개는 현재 요청되는 인간공동체와 지구 사이의 매개이다. 베리는 인류 역사속의 매개를 '친교'로 해석하면서, 인간 존재와 신적 원천과의 친교, 모든 인류 공동체와의 친교, 우주 자체와의 친교에 대한 자각의 필요성을 제기한다.

---

24 토마스 베리, 『황혼의 사색』, 45쪽.

25 토마스 베리 · 토마스 클락, 『신생대를 넘어 생태대로』, 162-163쪽.

26 토마스 베리, 『황혼의 사색』, 50-51쪽.

여기서 베리는 종교(religion)와 우주(universe)의 어원에 주목한다.[27] 그는 종교의 어원인 라틴어 '렐리가레'(religare)의 의미가 '다시 묶다, 다시 연결하다'는 점에 착안하여, 종교의 핵심은 신 혹은 초월적인 존재와 인간을 다시 연결하고, 나아가서 인간과 인간을 다시 잇는 데에 있다고 강조한다. 그는 종교(religion)와 우주(universe)라는 단어가 모두 '하나 됨(unity)의 상태로 되돌아감'을 의미한다고 설명한다. 즉 종교를 의미하는 레리가레(re-ligare)는 '근원으로 돌아감'을 의미하고, 우주의 어원인 우니-베르사(uni-versa) 또한 '하나로 돌아감'을 뜻한다는 것이다.[28] 마치 동학에서 말하는 '동귀일체'(同歸一體)와 같다. 이러한 어원적 의미는, 우주 안에 있는 만물은 하나의 동일한 원천에서 나온 한 가족이며, 모든 생물은 생명의 단 하나의 공동체 안에 함께 결속되어 있는 존재임을 시사한다.

해방신학자 레오나르도 보프(Leonardo Boff) 역시 종교의 어원에 주목하면서, 인간 존재와 다른 모든 존재들 사이에 '다시 이어짐'(re-ligation)을 구축해야 한다고 주장한다.[29] 종교는 인간과 다른 모든 존재와의 관계를 다시 연결 짓기에 힘써야 하는 임무가 있다는 것이다. 마찬가지로 토마스 베리의 제자인 에블린 터커(Mary Evelyn Tucker)도 현 시대의 특징을 지구소외가 아닌 '지구로부터의 인간소외'로 파악하면서, 신-인간, 인간-인간

---

27 유기쁨, 「잊힌 장소의 잊힌 존재들: 생태적 위험사회의 관계 맺기와 종교」, 『평화와 종교』 4, 2017, 22-23쪽.
28 토마스 베리, 『황혼의 사색』, 130-131쪽.
29 레오나르도 보프, 『생태 공명』, 33쪽.

의 관계에서 이제 '신-인간-지구의 관계'에 관심을 가져야 한다고 촉구한다.[30] 그리고 지구위험시대에 절실하게 요청되는 것은 인간이 지구 위에 생존하는 다른 모든 존재와 단일한 공동체라는 사실을 깨달을 수 있는 새로운 종교적 감수성이라고 주장한다.

이상을 종합하면, 베리의 지구학에 기반한 종교론은 지구 이해를 통해 지구와 인간, 비인간 존재와의 관계를 다시 이을 수 있는 사상적 자원을 발굴하고 재해석하는 작업이다. 그것은 만물의 근원적 연결성에 근거한, 인간과 지구를 화해시키는 새로운 종교학이다.

---

30   메리 에블린 터커 · 존 버스롱 엮음, 『유학사상과 생태학』, 오정선 옮김, 예문서원, 2010, 24-25쪽.

2.
지구를 모시는
종교

'지구종교'에 대한 요청

그린피스(greenpeace)의 창설자인 폴 왓슨(Paul Watson)은, 우리가 살아남기 위해서는 모든 종(種)을 포괄하고, 자연이 성스럽고 존중받을 만하다는 점을 확고히 하는 종교가 요청된다고 하였다. 또한 『지구를 공경하는 신앙』(Earth-Honoring Faith, 2013)의 저자 래리 라스무쎈(Larry L. Rasmussen)은 기존의 종교들은 사람들로 하여금 '지구의 죽음'을 방관하도록 만들었다고 비판하였다. 그는 지구위험시대의 종교는 변화된 지구를 책임질 수 있는 새로운 능력을 만들어야 한다면서 "내게 새로운 시대의 종교를 달라!"고 외쳤다.[31] 그는 토마스 베리를 인용하면서, 우리에게 주어진 "위대한 과업"(토마스 베리)은 '지구를 공경하는 신앙'이라고 말한다. 또한 베리의 제자 에블린 터커를 인용하면서, 대부분의 종교가 제시한 자연 세계의 공통된 가치는 존경·존중·자제·재분배·책임으로 요약될

---

31 래리 라스무쎈, 『지구를 공경하는 신앙: 문명전환을 위한 종교윤리』, 한성수 옮김, 생태문명연구소, 2017, 15-17쪽.

수 있다고 말한다. 나아가서 종교의 우주적 지향과 윤리적 의무에 대한 이해가 확대되어야 한다고 주장한다.[32] 즉 지구와 지구의 심오한 우주론적 과정에 대한 존경, 지구의 수많은 생물종에 대한 존중, 모든 생명 형태를 포함하는 윤리의 확장 등이 요청된다는 것이다. 이는 '자연에 대한 존중'이 아니라 '지구에 대한 공경'으로의 생태적 태도의 전환을 촉구하는 것이다.

이와 같이 자연의 생명력을 인식하고, 만물을 인간과 상호작용하는 주체로 존중하며 살아가는 방식을 재발견하는 작업에서, 애니미즘 (animism)과 가이아(Gaia)는 가장 대표적으로 소환되는 용어이다. 그리고 '자연종교'(nature religion)는 이 두 용어의 의미를 모두 포괄하는 개념이라 할 수 있다. 자연종교는 자연을 경외하고, 자연 파괴를 신성을 훼손하는 행위로 간주하는 종교적 인식과 실천을 의미하는 용어이다. 그래서 '인간-지구-만물의 상호 의존 관계를 중시하는 종교'를 표현하는 가장 일반적인 용어가 자연종교이다.

종교학자 브론 테일러(Bron Taylor)에 따르면, '자연종교'라는 용어는 1970년 '지구의 날' 행사 무렵부터 빈번하게 사용되기 시작했다.[33] 그는 서구 종교가 인간중심주의적이고 자연의 탈성화(脫聖化)를 초래했다고

---

32   위의 책, 229-230쪽.

33   유기쁨, 「'병든 지구'와 성스러운 생태학의 귀한: 생태와 영성의 현실적 결합에서 나타나는 종교문화현상의 비판적 고찰」, 『인문과학연구』 39, 2020, 196-197쪽.; Bron Taylor, *Dark Green Religion: Nature Spirituality and the Planetary Future*, Berkeley: University of California Press, 2010, p.5.

하면서, 오래된 형태의 지구 영성과 종교를 부활시킬 것을 요청한다. 그리하여 현대 지구시스템과학과 일치하는 의식과 의례적 관행을 확립하고, 지구종교적인 우주론과 신학을 구축하기 위해 노력해야 한다고 주장한다. 그는 지구적 위기를 극복하기 위해 출현한 자연종교 개념에 내재한 위험성을 염두에 두면서, 생태운동과 녹색정치의 종교적 차원을 재검토하기 위해 '짙은 녹색종교'(dark green religion)라는 새로운 개념을 제시했다. 타일러는 '녹색종교'와 '짙은 녹색종교'를 구분한다. 그에 의하면, '녹색종교'는 인간 중심의 세계관을 기반으로 한 환경친화적인 행동을 종교적 의무로 받아들인다. 반면, '짙은 녹색종교'는 자연을 본질적인 가치와 경외의 가치가 있는 신성한 것으로 인식한다는 점에서 생태중심적이다.[34] 이와 같이, 테일러의 '짙은 녹색종교'의 '짙은'은 자연에 대한 깊은 고려라는 의미와 함께, 그러한 녹색종교에 그림자의 측면이 있음을 암시하기 위해 사용되었다. 생태파시즘과 같은 전체주의와 지구중심의 인간상실을 경계하기 위해서이다. 그는 유익하든 위험하든 '짙은 녹색종교'는 지구환경정치에 점점 더 중요해지고 있다고 말한다.[35]

---

34   Bron Taylor, *Dark Green Religion: Nature Spirituality and the Planetary Future*, University of California Press, 2009, p.10.

35   Bron Taylor, "Deep Ecology and Its Social Philosophy: A Critique" in *Beneath the Surface: Critical Essays in the Philosophy of Deep Ecology*, MIT Press, 2000, p. 270; Bron Taylor, *Dark Green Religion: Nature Spirituality and the Planetary Future,* pp.ix-x. 이 글에서 제안하는 '지구종교'는 인간중심 혹은 지구중심이 아닌 인간과 지구의 공생을 전제한 용어이다.

테일러는 '짙은 녹색종교'는 생태영성과 깊은 관련이 있는 것으로 파악하고, 가이안 자연주의(Gaian Naturalism)와 가이안 영성(Gaian Spirituality) 그리고 자연주의적 애니미즘(Naturalistic Animism)과 영적 애니미즘(Spiritual Animism)을 대표적인 '짙은 녹색종교'로 분류한다. '짙은 녹색종교'의 핵심 원칙이 "어머니 지구의 신성함과 모든 종의 상호의존성 그리고 생태적 파괴로부터 자유로울 권리를 인정하는 것"이기 때문이다.[36]

이러한 의미에서 테일러는 대지윤리(the land ethic)와 지구법(Earth Jurisprudence)을 제안한 알도 레오폴드와 토마스 베리를 '짙은 녹색종교'의 가장 영향력 있는 인물로 평가한다. 그리고 생태적 상호 의존성과 생명중심적 가치, 그리고 가이안 영성에 대한 이해를 담고 있는 〈지구헌장〉(Earth Charter)을 '짙은 녹색종교'의 대표적인 사례로 제시한다. 〈지구헌장〉이 러브록의 가이아론과 토착민들의 영적 인식에 기반을 두면서 레오폴드와 베리의 영향 속에서 작성되었기 때문이다.[37] 한편 테일러는 '짙은 녹색종교'와 시민종교(civil religion)가 쉽게 융합될 수 있다고 주장한다. 이러한 발상은 자연으로부터 성스러움을 박탈한 인간중심적 서구종교들이 지구위기를 초래한 중심 엔진이라는 인식 하에, 지구치유를 위해서는 기존 종교를 대체하는 새로운 '지구종교'가 필요하다는 요청에서 나온 것이다. 1908년 노벨상 수상자인 폴 에를리히(Paul Ehrlich)도 지구종

---

36 Bron Taylor, *Dark Green Religion: Nature Spirituality and the Planetary Future*, pp. 14-15.

37 *Ibid.*, pp. 27-33, pp. 176-203.

교의 필요성을 제안했고, 정치 이론가인 윌리엄 오펄스(William Ophuls) 도 지속 가능한 사회를 위해서는 지구종교가 요청된다고 주장하였다. 정치학자 다니엘 듀즈니(Daniel Deudney) 역시 '지구시민적 지구종교' (terrapolitian earth religion)라는 용어로 지구종교의 구축을 촉구하였다.[38] 듀즈니는 지구위험시대에는 지구헌법(Earth constitution)과 지구민족주의 (Earth nationalism) 그리고 가이안 지구종교(Gaian Earth religion)가 필요하 다고 하였다.[39] 특히 '가이안 지구종교'는 지구에 대한 애착을 강조하지 만, 다른 형태의 시민종교와는 현저하게 다르고 훨씬 덜 위험하다고 주 장한다. 지구종교는 모든 생명을 포괄하는 생물권과 지구, 나아가 우주 전체의 유기체적 성격을 강조하며, 지속 가능한 사회를 건설하고 지구를 존중하는 행동에 동기를 부여하는 데 도움이 된다고 보았기 때문이다.[40]

또한 정치철학자 정화열과 피터정은 생태윤리의 기본원칙으로 '생태 공경(ecopiety)의 길'을 제안한다. 생태공경이란 지구의 건강이 인간의 전 일적 사고와 행동방식에 달려 있다는 인식을 바탕으로 인간의 모든 행동 을 규제하고 삼가는 윤리와 태도를 말한다. 생태공경에는 '인간공경'과 '지구공경'의 두 가지 윤리가 담겨 있다. 인간공경은 인간 상호간의 대인

38 Ibid., pp.195-196.; William Ophuls, *Ecology and the Politics of Scarcity: Prologue to a Political Theory of the Steady State*, San Francisco: W. H. Freeman, 1977, pp. 232-238.

39 Daniel Deudney, "Global Village Sovereignty: Intergenerational Sovereign Publics, Federal-Republican Earth Constitutions, and Planetary Identities" in *The Greening of Sovereignty in World Politics*, edited by Karen T. Litfin, Cambridge: MIT Press, 1988, p. 311.

40 Daniel Deudney, op. cit., pp. 317-318.

윤리(對人倫理)에, 지구공경은 인간과 비인간적 존재들 사이의 관계인 대물윤리(對物倫理)에 해당한다. 특히 '지구공경'은 흙과 물, 동물과 식물을 포함하는 만물을 공경하는 태도를 의미한다.[41]

복잡성 이론(complexity theory)을 연구하는 앨런 카우프만(Stuart Alan Kauffman) 역시 우리 인간이 자신들이 존중해야 할 생물권의 창조성을 파괴하고 있다고 비판하면서, 지구와 모든 생명 그리고 우리 자신을 위해 '지구윤리'를 찾아내고 성스러움을 재발명할 것을 촉구한다.[42] 그는 과학과 종교의 공통 기반을 찾아, 우주, 생물권, 인류 역사, 문화의 경이로운 창조성 자체를 성스러운 것으로 인식할 수 있다면, 모든 생명들과 그것을 지탱하는 지구를 존중하게 될 것이라고 주장한다. 나아가 새롭게 출현하는 지구와 생명과 문화의 복잡성(complexity)을 인정하고, 모든 생명들과 지구를 존중하는 지구윤리의 필요성을 강조한다.[43]

지금까지 살펴본 것처럼, 최근 서구의 많은 연구자가 '지구를 공경하는 신앙으로의 전환'을 촉구하고 있다. 서구 생태사상에 비인간(nonhuman) 존재의 권리를 인정하지만 신령한 생명이라는 인식으로까지는 나아가지 않았으며, 존중이 아니라 근본적인 공경을 가능하게 하는 세계관이 없다는 비판은 이제 낡은 주장이 되어 버렸다. 서구의 종교학과 정치학을 넘

41 정화열 · 피터정, 「생태공경-생태윤리를 위한 교육」, 김종철 엮음, 『녹색평론선집 3』, 녹색평론사, 2009, 302-309쪽.
42 스튜어트 앨런 카우프만, 『다시 만들어진 신』, 김명남 옮김, 사이언스 북스, 2012, 464쪽.
43 위의 책, 443-450쪽.

어 복잡성 이론에서도 진정한 의미에서의 지구공경을 주창하고 있기 때문이다.

지구윤리의 모색

1992년 '의식 있는 과학자 연합'(The Union of Concerned Scientists)은 「인류에 대한 경고」(Warning to Humanity)라는 글에서, 더 이상 지구가 파괴되도록 방치해서는 안 된다고 경고한 바 있다. 그들은 인간에게 제공할 수 있는 지구 능력의 한계를 인정해야 하며, 인간 및 지구에 대한 태도 전환을 위한 새로운 윤리를 촉구하였다. 이러한 주장의 연장선에서 지구윤리센터(Center for Earth Ethics)는 지구위기를 도덕과 윤리의 문제로 재구성하고, 종교를 기반으로 한 한 지구위기 대응을 촉진하고자 하였다. 그 센터의 디렉터 카렌나 고어(Karenna Gore)는 지구윤리에서 중요한 것은 인간 이외의 존재가 천부적 가치와 권리를 갖고 있는지에 대한 윤리적 질문이라고 말하였다.[44] 이들이 새로운 지구윤리를 제창하는 이유는 현재의 지구적 위험 문제를 인간중심주의로 가득 찬 기존 종교나 인문주의적 윤리학으로는 해결할 수 없다고 판단했기 때문이었다. 자살, 살인과 같은 문제는 기존의 윤리적 전통으로 풀어낼 수 있다고 해도, 지구의 생명 체계가

---

44   카렌나 고어, 「지구윤리를 위한 세 개의 의자」, 한국생명문명프로젝트, 『2020 한국생태문명회의 자료집』, 2020년 11월 19일, 38-41쪽.

멸종되는 생명살해와 지구살해 문제는 해결할 수 없다는 인식이다.

토마스 베리 역시 인간의 윤리학을 생태학적 의무의 파생물로 보고, 포괄적 공동체의 복리 안에서 인간의 복리를 실현하는 것이 윤리학의 규범으로 자리 잡아야 한다고 주장하였다. 더불어 지구행성 전체 맥락에서의 윤리, 즉 인간과 인간이 아닌 다른 구성원들을 통합적으로 이해하는 새로운 지구윤리의 필요성을 강조하였다. 서구사회에서 지구 위기와 종교와의 관련을 직접적으로 논한 것은 린 화이트(lynn White)부터라고 할 수 있다. 화이트는 그리스도교의 인간중심주의와 지구위기가 밀접한 관련이 있다고 비판하면서도, 지구 위기의 뿌리가 종교에 있었기 때문에 그 치유 역시 종교적이어야 한다고 주장하였다.[45] 토마스 베리가 지구위험시대 도래의 주요한 원인을 지구와 만물에 대한 종교적 경외심의 부재에서 찾았듯이, 종교를 통해 지구의 성스러움에 대한 감각을 찾아야 한다는 주장이다.

특히 베리가 그 종교적 지혜를 아메리카 인디언들이 지구와 인간의 친교를 맺는 기술에서 찾았던 것처럼, 많은 이들이 토착사상을 통해 그것을 찾고자 하는 흐름이 두드러지고 있다. 이하에서는 한국의 대표적인 토착사상인 개벽사상을 새롭게 독해하여 새로운 지구윤리로서의 가능성을 타진해 보고자 한다. 19세기 말의 동학사상가 해월 최시형은 당시의

---

45 Lynn White, "The Historical Roots of Our Ecological Crisis," *Science*, Vol. 155, No. 10, March 1967, pp. 1203-1207.

상황을 이렇게 묘사하였다.

> 이 세상의 운수는 개벽의 운수라. 천지도 편안치 못하고, 산천초목도
> 편안치 못하고, 강물의 고기도 편안치 못하고, 나는 새와 기는 짐승도
> 다 편안치 못하리니, 유독 사람만이 따스하게 입고 배부르게 먹으며 편
> 안하게 도(道)를 구하겠는가.[46]

여기서 최시형은 개벽의 운수를 '지구와 만물의 아픔'으로 기술하고 있
다. 또한 그 아픔은 인간마저도 결코 벗어날 수 없는 지구만물과 공유하
는 아픔이다. 프란치스코 교황이 지구위기를 "지구의 울부짖음"과 "가난
한 이들의 울부짖음"으로 해석한 것과 같이,[47] 한국의 개벽사상도 인간상
실과 지구상실에 대응하는 인간 치유, 천지치유, 만물치유를 모색하는
사상으로 재해석될 수 있다. 실제로 수운 최제우를 비롯하여 당시에 개
벽을 주창한 인물들의 "위대한 과업"(토마스 베리)은 인간과 인간, 인간과
지구, 인간과 만물의 어긋난 관계를 회복하는 데 있었다. 토마스 베리와
개벽사상이 만나 대화할 수 있는 근거도 여기에서 찾을 수 있다.

우리는 동학을 비롯하여 천도교와 원불교에 이르는 한국의 개벽종교

---

46 『해월신사법설』, 「개벽운수」. 이규성, 『최시형의 철학』, 이화여자대학교출판부, 2021,
    178쪽. 이하, 이 책에서 인용하는 『해월신사법설』의 쪽수는 이 책에 의한다.
47 프란치스코, 『찬미받으소서: 공동의 집을 돌보는 것에 관한 회칙』, 한국천주교중앙협
    의회, 2020, 42쪽.

에서도 토마스 베리의 '지구공동체' 개념을 찾을 수 있다. 또한 그러한 개벽종교들이 지구시스템에 대한 이해를 통해 지구공동체론을 발전시켜 왔다고 해석할 수 있다. 가령 최시형의 천지부모(天地父母)를 비롯하여 의암 손병희의 인여물개벽(人與物開闢), 원불교 창시자 소태산 박중빈의 사은(四恩)과 그 뒤를 이인 정산 송규의 삼동윤리(三同倫理) 등은 지구를 포함한 인간과 만물이 하나의 공동체를 이루는 세상을 지향한다는 점에서 지구공동체 개념과 상통한다. 특히 최시형의 천지부모와 이천식천(以天食天)은 우주만물이 모두 한 기운과 한 마음으로 연결되어 있고, 모든 존재가 상호의존관계로 연결되어 있다는 사상이다. 최시형은 이천식천을 다음과 같이 설명하였다.

> 하늘로써 하늘을 먹는 것으로써 서로 기운이 화함을 통하게 하는 것이니, 그러므로 하늘은 한쪽 편에서 동질적 기화로 종속을 기르게 하고 한쪽 편에서 이질적 기화로써 종속과 종속의 서로 연결된 성장발전을 도모하는 것이다.[48]

여기서 최시형은 '생명이 생명을 먹는 이치', 다시 말해 보이지 않는 먹이사슬의 질서라는 생명의 그물망을 '이천식천'과 '기화'(氣化)라는 천지의 묘법(妙法)으로 설명하고 있다. 이천식천과 기화는 인간을 포함한 만

---

48 『해월신사법설』, 「이천식천(以天食天)」, 197쪽.

물이 서로를 살리는 상생관계로 얽혀 있다고 본 지구시스템적 사상으로
볼 수 있다.

김지하는 이를 '천지화육의 조화 과정'과 '공동 주체적인 자기조직화의
창조적 진화이자 기화의 질서'로 해석하였다.[49] 토마스 베리가 떼이야르
드 샤르댕의 사상에 영향을 받은 것처럼, 김지하도 샤르댕이 자신의 진
화법칙을 전개하며 사용한 복잡화·유기화·자기조직화·진화 등의 개념
을 기화에 적용하여, 최시형의 '기화'를 창조적 진화의 생명법칙으로 이
해한 것이다.[50] 이와 같은 기화 이해를 바탕으로 그는 만물의 모심과 공
경의 지구윤리를 제시하였다. 모심과 공경의 지구윤리는 최시형의 경천
(敬天)·경인(敬人)·경물(敬物)의 삼경(三敬)사상을 재개념화한 것이다.

최제우는 동학의 삼칠자 주문(三七字 呪文)의 한 구절인 '시천주'(侍天主)
에서 '주'(主)를 "존칭해서 부모와 더불어 같이 섬기는 것"[51]으로 해설하
였다. 이에 대해 김지하는 신령 무궁한 우주 생명이 창조적으로 진화하
고 있음을 인정하고, 자기 내면에 자리한 우주생명의 생성을 '님'으로 부
른 것이라고 설명한다. 나아가서 최제우의 해설은 그 님의 활동의 흐름
에 일치하는 것이자, 그 님과 자주적·수평적 친구로서 동업·동역하는 파
트너가 되어 지극한 모심과 공경의 생활을 하는 것을 요청하는 것이라고

---

49   김지하, 『생명학 1: 생명사상이란 무엇인가』, 화남, 2008, 114쪽.

50   위의 책, 172쪽.

51   『동경대전』, 「논학문(論學文)」. 김용휘, 『최제우의 철학』, 이화여자대학교출판부, 127-
     128쪽.

해석한다. 마치 베리가 지구와 친구 맺기를 통해 지구와 인간의 화해를 모색하는 지구윤리를 제창했던 것처럼, 동학도 인간과 만물에는 무궁한 우주생명이 활동하고 있음을 인정하고, 님으로써 상호 공경하는 지구윤리를 모색하였다는 것이다.[52]

원불교 창시자인 박중빈도 동학사상과 마찬가지로, '천지는 만물의 생명이며 공물(公物)'임을 설파한 바 있다. 천지는 만물의 의식주요 생명이지만, 한 물건의 소유가 아니고 만물의 소유이기에 '공물'이라는 것이다.[53] 이러한 맥락에서 그는 사은(四恩)을 강조한다. '사은'이란 "없어서는 살 수 없는 천지·부모·동포·법률의 네 가지 은혜", 즉 '인간의 조건'을 말한다. 이는 은혜를 생명의 근원으로 인식한 것이다. 특히 박중빈은 "아무리 천치(天痴)요 하우자(下愚者)라도 천지 없어서는 살지 못할 것을 다 인증할 것이다. 없어서는 살지 못할 관계가 있다면 그 같이 큰 은혜가 또 어디 있으리요"라고 말하면서, 천지의 은혜를 뜻하는 천지은(天地恩)을 강조한다. 더불어 그는 그 은혜의 구체적 조목을 다음과 같이 밝히고 있다.

하늘의 공기가 있으므로 우리가 호흡을 통하고 살게 됨이요, 땅의 바탕이 있으므로 우리가 형체를 의지하고 살게 됨이요, 일월(日月)의 밝음이 있으므로 우리가 삼라만상(森羅萬象)을 분별하여 알게 됨이요, 풍운우로

---

52 김지하, 앞의 책, 185-186쪽.

53 「(회설)天地는 公物이다」, 『회보』 47, 불법연구회총부, 1938년 9월 1일.

(風雲雨露)의 혜택이 있으므로 만물이 장양(長養)되어 그 산물로써 우리가 살게 됨이요, 천지는 생멸(生滅)이 없으므로 만물이 그 도를 따라 무한한 수(壽)를 얻게 됨이니라.[54]

여기서 '천지은'은 지구은(地球恩)으로 이해될 수 있다. 왜냐하면, 베리가 모든 존재는 다른 존재들과의 긴밀한 관계 속에서 끊임없이 선물을 교환하고 있다고 본 것처럼, 천지은 역시 모든 생명이 고립된 존재가 아니며 상호 연결되어 있다는 생명관계에 대한 근본적인 인식을 기반으로 하기 때문이다. 나아가서 박중빈이 말하는 사은(四恩)은 은(恩)을 매개로 하는 생명 관계를 지칭할 뿐만 아니라 그 은(恩)에 감사드리고 갚아야 한다는 차원에서, 인간공동체를 넘어 지구공동체의 지구윤리를 제창한 것이다. 이러한 박중빈의 사상은 송규를 비롯한 원불교 사상가들에게 계승된다. 송규는 "천만 사물을 공경으로 대할 것"[55]을 설파하였고, 그 뒤를 이은 대산(大山) 김대거(金大擧)는 "사인여천(事人如天)의 가르침은 경(敬)의 극치로서 이 마음이 사사물물에 미쳐 갈 때 무불경(無不敬)으로, 원불교의 '처처불상사사불공'(處處佛像事事佛供)의 도리와 통한다"[56]고 보았다. 이들은 모두 동학의 경(敬)사상과 유사한 만물에 대한 공경을 강조하고

---

54 『정전』, 제2 교의편(敎義編) 제2장 사은(四恩) 제1절 천지은(天地恩).

55 『예전』 총서편.

56 『대산종사법문집』 제2집 제9부 「행사치사 성(誠) 경(敬) 신(信) 법문 - 천도교 방문기념 법문」.

있다.[57]

특히 송규가 발표한 삼동윤리(三同倫理), 즉 동원도리(同源道理)·동기연계(同氣連契)·동척사업(同拓事業)은 한국종교에서 제창한 지구윤리로 손색이 없다. 삼동윤리 가운데 '동기연계'는 '모든 만물이 한 기운으로 연결되어 있다'는 것을 의미한다. 그는 '동기연계'에 대해 "천지를 부모 삼고 우주를 한 집 삼는 자리에서는 모든 사람이 다 같은 동포 형제인 것이며, 인류뿐 아니라 금수 곤충까지라도 본래 한 큰 기운으로 연결되어 있다"[58]고 설명하였다. 이러한 이해는 인간과 만물이 하나의 공동체를 이루는 세상을 지향한다는 점에서 토마스 베리의 지구공동체 개념과 상통한다. 이 외에도 근대 한국 종교의 개벽사상에서 지구를 공경하고 지구와 친교를 맺는 기술에 대한 지혜를 얼마든지 찾을 수 있다.[59] 그런 점에서 지구종교와 지구윤리로서의 가능성이 풍부한 한국의 토착사상이라고 평가할 수 있다.

이상으로 지구인문학의 학문적 경향을 바탕으로 인간과 지구의 관계 정립을 위한 '지구종교'의 방향을 모색해 보았다. 인류는 지구위험시대를

---

57 원불교의 천지부모와 만물공경에 대한 논의는 허남진 · 조성환, 「지구를 모시는 종교: 동학과 원불교의 '천지론'을 중심으로」, 『원불교사상과 종교문화』 88, 2021을 참조하였다.

58 『정산정산법어』, 제2부 법어 제13 도운편 36장.

59 조성환 · 허남진, 「지구인문학적 관점에서 본 한국종교: 홍대용의 『지구문답』과 개벽종교를 중심으로」, 109-112쪽.

맞이하여 모든 존재가 상호 연결되어 있다는 인식과 함께 모두가 한 동포, 즉 지구공동체의 구성원이라는 자각을 되찾아야 한다. 이를 위해서는 지구·인간·만물과의 올바른 관계를 맺을 수 있도록 이끌어 줄 새로운 윤리가 요청된다. 그 윤리는 지구와 인간, 그리고 비인간 존재들까지도 포함하는 지구공동체 구성원들과 화해를 모색하는 지구윤리이다.

지구윤리는 지구와 비인간 존재에 대한 존중을 넘어서, 그들을 '공경'하는 윤리이다. 최시형 식으로 말하면, 경천(敬天)과 경물(敬物)의 윤리이다. 개벽사상은 인간중심적 사유를 극복하고 현재의 지구위기를 극복할 수 있는 지구공동체적 입장과 지구윤리론적 사유를 지니고 있다. 이는 굳이 서구의 이론을 추종하지 않더라도 우리의 토착적이고 자생적인 사유를 통해 현재의 지구위기를 해결할 수 있는 지혜를 발견할 수 있음을 말해준다.

The discovery of planetary humanities

제4장

인류세 시대
존재론의 전환

―person과 님

조성환·허남진

최근에 서양에서 대두하는 신애니미즘 연구에 의하면, 캐나다의 오지브웨족의 언어에서는 만물이 'person'으로 간주되고 있다. tree-person이나 rock-person과 같은 말이 그것이다. 그렇다면 여기에서 'person'은 한국철학적으로 어떻게 이해할 수 있을까? 이 글에서는 그것이 한국어의 '님'에 해당한다고 보고, 님의 존재론을 시도한다. 오지브웨족의 person과 한국어의 님은 인간 이외의 존재를 thing이나 物이 아니라 하나의 인격체로 간주한다는 점에서 포스트휴먼 시대에 시사하는 바가 크다.

이러한 문제의식에서 제1절에서는 서양의 존재론적 전회의 흐름 중의 하나인 신애니미즘의 경향을 간단히 소개하고, 그것이 한국어 '님'의 존재론과 상통함을 지적한다. 제2절에서는 한국사상사에서의 '님'의 존재론의 사례를 고려시대의 문인 이규보의 한시(漢詩)에서 찾아보았다. 이규보의 한시에는 '님'이라는 말은 나오지 않지만, 그가 표현한 사물과의 공감과 연대는 님의 정서에 다름 아니다. 또한 조선 후기의 유씨부인은 부러진 바늘을 애통해 하며 「조침문(弔針文)」을 남겼는데, 그 이유는 바늘이 유씨부인과 평생 동안 '정'을 나눈 '님'에 다름 아니었기 때문이다. 이러한 님의 존재론의 효시는 동학이다. 최제우가 『용담유사』에서 '흐늘님'을 말하면서 "네 몸에 모셨다"고 했기 때문이다. 이어서 최시형은 그것을 만물로까지 확장시켜 "만물은 흐늘님을 모시고 있다"는 만물님론을 주창하였다. 그리고 그 님들은 먹음과 먹힘의 관계로 서로 얽혀 있다고 하였다. 이와 같이 인간과 사물의 상호의존과 상호연대를 함축하는 님의 존재론이야말로 생태위기 시대에 요청되는 포스트휴먼 존재론이라고 할 수 있다.

1.
애니미즘의 귀환과
퍼슨(person) 존재론

인류세 시대의 학문의 전환

일부 지질학자들이 현대의 지구적 상황을 설명하기 위해 제안한 '인류세'가 점점 보편화되고 있다.[1] '인류세'란 인간이 지구시스템에 영향력을 끼치기 시작한 시대를 지칭한다. 확실히 오늘날 인류가 경험하고 있는 기후변화나 팬데믹 상황은 지구가 이전과는 전적으로 다른 상태에 진입하였음을 보여주고 있다. 지난 200여 년 동안 인류가 이룩한 산업혁명과 그에 따른 급속도의 성장이 지구시스템에 지질학적 수준에서의 문제를 일으킨 결과이다. 이에 대한 경고로 서양에서는 대략 1980년대 후반부터 '위험론'과 '위기론'이 대두하기 시작하였다. 울리히 벡의 『위험사회』(1986)와 토마스 베리의 『지구의 꿈』(1988)이 대표적이다. 울리히 벡의 『위험사회』가 '지구적 위험'을 경고했다면, 토마스 베리의 『지구의 꿈』은

---

1   국내에 소개된 대표적인 인류세 관련 서적으로는 다음을 들 수가 있다. 얼 C 엘리스,『인류세』, 김용진 · 박범순 옮김, 교유서가, 2021. ; 최평순 · 다큐프라임 〈인류세〉 제작팀,『인류세』, 해나무, 2020. ; 클라이브 해밀턴,『인류세』, 정서진 옮김, 이상북스, 2018. ; 시노하라 마사타케,『인류세의 철학』, 조성환 · 이우진 · 야규 마코토 · 허남진 옮김, 2022, 모시는사람들.

그에 대한 철학적 해결을 모색하였다.

그 이후로 서양에서 전개된 지구적 위험과 인류의 위기에 대한 인문학적 대응은 크게 두 가지 흐름으로 정리될 수 있다. 하나는 '지구'에 대한 성찰의 촉구이고, 다른 하나는 '만물'에 대한 인식의 변화이다. 지구에 대한 성찰은, 앞 장에서 살펴보았듯이, 지구를 단순한 환경이나 자원이 아니라 하나의 성스러운 공동체이자 공경해야 할 대상으로 간주하자는 입장으로, 토마스 베리의 '지구공동체' 개념이나 래리 라스무쎈의 '지구를 공경하는 신앙'이 대표적이다.

만물에 대한 새로운 인식은 제인 베넷(Jane Bennett)과 같은 신유물론이나 그레이엄 하비(Graham Harvey) 등의 신애니미즘이 대표적이다. 제인 베넷은 『생동하는 물질』에서 찰스 다윈의 지렁이 연구를 소개하면서, 지렁이도 인간과 지구의 역사에 기여하는 당당한 '행위소'(actant)로 간주해야 한다는 견해를 피력하였다.[2] 그레이엄 하비는 애니미즘의 재해석을 통해 이 세계는 '퍼슨들'(persons)로 가득 차 있고, 이들이 상호관계를 맺고 있다는 새로운 세계관을 제시하였다.[3] 이상의 두 흐름은 큰 틀에서는 모두 학문의 '포스트휴먼적' 전환으로 분류될 수 있다. 종래의 인간중심주의를 탈피하여, 작게는 지렁이에서 크게는 지구에 이르는 비인간 존재

---

2   제인 베넷 지음, 『생동하는 물질: 사물에 대한 정치생태학』, 문성재 옮김, 현실문화, 2020. 제7장 「정치생태학」, 237-244쪽. 원저는 Jane Bennett, *Vibrant Matter: a Political Ecology of Things*, Durham: Duke University Press, 2010, pp.94-98.

3   Graham Harvey, *Animism: Respecting the Living World*, United Kingdom: C Hurst & Co Publishers Ltd, 2017, xiii. "Preface to the Second Edition,"

자들에 대해서 인간과 같은 속성(활동성, 인격성)을 부여하기 때문이다.

그런데 이러한 포스트휴먼적 경향은 비서구 지역의 비근대적 세계관에서는 그리 새로운 것도 아니다. 가령 인간 이외의 존재자를 단순한 사물이나 물체가 아니라 행위자나 인격체로 간주하는 존재론은 한국어의 '님'에서도 찾아볼 수 있다.[4] 님은 일반적으로 그리움과 동경의 대상을 지칭하는 접미사로 알려져 있는데, 그 대상이 반드시 사람에게만 한정되는 것은 아니다. 자신과 오랫동안 관계를 맺어온 친숙한 존재라면 모두 님으로 간주될 수 있다. 대표적인 예가 동화책에 나오는 '해님'이나 '달님'과 같은 용어이다. 어린이들에게 해와 달은 단순히 천문학의 탐구의 대상이 아니라 세상을 밝게 비쳐주는 고마우면서도 친근한 존재로 다가온다. 그래서 님이라는 접미사를 붙이는 것이다. 물론 이러한 전통은 비단 한국에만 있는 것은 아니다. 일본어에서도 태양을 가리켜 '御天道様'(오텐토사마)라고 해서, 우리말의 님에 해당하는 '様'(사마)라는 접미사를 붙여서 부르기도 한다.

이렇게 생각하면 조선 말기(순종)의 유씨 부인이 쓴 수필 「조침문」(弔針文)도[5] 일종의 님의 정서를 표현한 문학이라고 볼 수 있다. 그녀가 부러진 바늘에 보여준 추모와 연민의 감정은 바늘에 대한 깊은 '정'을 표현하고

---

4   이하의 '님'에 관한 논의는 지구인문학연구소의 기획으로 간행된 『지구적 전환 2021』(모시는사람들, 2021)에 실린 조성환의 「근대성에서 지구성으로」의 일부를(24-27쪽) 수정한 것이다.

5   유씨부인 외, 『조침문』, 구인환 엮음, 신원문화사, 2018.

있다. 오랫동안 관계를 맺으며 교감하고, 그래서 정이 든 대상이라면, 설령 그것이 사물이라 할지라도 그립고 애틋해지기 마련이기 때문이다. 그런 대상에 붙이는 말이 '님'이다. 이 외에도 고려시대의 문인 이규보(1168-1241)는 부러진 책상다리를 붙여 주면서 동병상련의 정을 표현하였는데, 이 또한 님에 대한 정서와 크게 다르지 않다.[6]

한편 이러한 님 개념이 한국사상사 안으로 본격적으로 들어오기 시작한 것은 동학에서부터이다. 동학을 창시한 수운 최제우(1824~1864)는 『용담유사』에서 궁극적 존재를 표현하는 개념으로 'ᄒᆞᄂᆞᆯ님'을 사용하였다.[7] 여기에서 '님'은 'ᄒᆞᄂᆞᆯ'의 접미사로 쓰이고 있는데, 'ᄒᆞᄂᆞᆯ'과 '한'의 의미상 유사성을 고려하면 'ᄒᆞᄂᆞᆯ님'은 '큰 님'이라는 의미가 된다. 다시 말하면 '가장 큰 님'이 'ᄒᆞᄂᆞᆯ님'인 것이다(이하에서는 편의상 '하늘님'으로 표기한다).

이러한 하늘님 개념을 바탕으로 최제우는 모든 인간은 자기 안에 하늘님을 모시고 있다고 하였다(侍天主). 『신생철학』(1974)의 저자 윤노빈의 통찰을 빌리면, 아무리 신분이 천해도 '놈'이 아니라 '님'이라는 것이다.[8]

---

6 이규보, 『동국이상국전집』 제19권 잡저, 「속절족궤명(續折足几銘)」, 한글 번역은 『(고전국역총서) 동국이상국집(III)』, 민족문화추진회, 1989. 「다리가 부러진 궤(几)를 고침에 대한 명」, 166쪽. 자세한 내용은 본문에서 상술.

7 최제우, 『용담유사』, 양윤석 역주, 모시는사람들, 2013, 119쪽(「교훈가」), 126쪽, 127쪽(「안심가」), 129쪽(「용담가」). 원문 영인본은 김용옥, 『동경대전 2』(통나무, 2021), 564쪽(「교훈가」), 559쪽(「안심가」), 554쪽(「안심가」).

8 윤노빈은 동학의 사상사적 의미를 인내천(人乃賤)에서 인내천(人乃天)으로의 혁명이라고 보았다: "'사람이 한울이다'는 명제는 … '사람이 賤하다'는 현실적 명제에 대하여 혁명적 명제. … 人乃賤的 의식의 귀(耳)에다 人乃天의 복음을 아무리 들려주어 보았자 '소귀에 『동경대전』 읽기'다." 윤노빈, 『신생철학』, 학민사, 2010, 358-359쪽. 여기에서

이것은 동아시아적으로 말하면 "인간 존재 안에서의 '님성'의 발견"이라고 할 수 있다. 또한 서양의 그리스도교 전통에서 보면 "인간 존재 안에서의 '신성'의 발견"이라고도 할 수 있다. 한국어의 하늘님 관념에는 '신성한 존재'라는 의미도 들어 있기 때문이다.

한편 최제우의 뒤를 이어 동학 교단을 이끈 해월 최시형(1827~1898)은 만물에도 하늘님(天主)이 들어 있다고 하였다(萬物莫非侍天主).[9] 그 이유는 만물을 낳고 길러주는 천지(天地)야말로 가장 큰 하늘님이자 부모님이고, 따라서 만물은 그런 하늘님의 자식에 다름 아니라고 보았기 때문이다.[10] 그래서 최시형에게로 오면 우주에 존재하는 모든 존재가 하나의 인격성을 띤 님으로 여겨지게 된다. "해도 옷을 입고 달도 밥을 먹는다."는 그의 말은 이러한 측면을 말해주고 있다.[11] 한편 일제강점기의 시인이자 독립운동가인 만해 한용운(1879~1944)에 이르면 님의 세계관이 「님의 침묵」(1926)과 같은 문학작품으로 표현된다. '하늘님'에서 '하늘'이 탈각되고 본격적으로 '님론'이 전개되는 것이다.

이 장은 이러한 님의 존재론을 한국문학사에 등장하는 이규보나 한용

'賤'과 '天'은 '천한 놈'과 '한울님'이라는 윤노빈의 표현을 고려하면, 각각 '놈'과 '님'으로 바꿔 쓸 수 있다. '놈'과 '님'의 대비에 대해서는 오구라 기조, 『한국은 하나의 철학이다』, 조성환 옮김, 모시는사람들, 2019, 179쪽, 183쪽을 참조하였다.

9   『해월신사법설』「7. 대인접물(待人接物)」, 154쪽.

10   "天地父母"『해월신사법설』「2. 천지부모」, 131쪽; "物吾同胞"『해월신사법설』「31. 삼경」, 192쪽.

11   『해월신사법설』「2. 천지부모」, 134쪽.

운에서 확인하고, 그것을 매개로 서양의 최신 존재론과의 대화를 시도하며, 새로운 한국학으로서의 '님학'을 모색하고자 하는 시론이다. 또 최근에 서양에서 대두하는 새로운 애니미즘의 'person' 개념은 한국어의 님과 상통하는 점이 많다. 양자 모두 인간 이외의 존재를 thing이나 物이 아니라 하나의 인격체로 간주한다는 점에서 인류세 시대에 시사하는 바가 크다. 또한 종래에 동학의 천관(天觀)은 서구적인 신관(神觀)의 틀에서 설명되어 왔는데(대표적인 것이 '범신론' 혹은 '범재신론'), 최제우나 최시형이 '하늘님'이라는 표현을 사용했다면,[12] 일차적으로 신론보다는 님론의 틀에서 이해되어야 할 것이다. 그리고 그런 님론을 학적으로 체계화한 것을 '신학'(Theology)에 대해서 '님학'(Nimology)이라고 명명할 수 있을 것이다.

이러한 문제의식을 바탕으로, 본론에서는 먼저 서양의 신애니미즘의 경향을 간단히 소개하고, 이어서 이규보의 한문학과 한용운의 한글문학에 나타난 님의 존재론을 살펴본 뒤에, 양자 사이의 유사점을 찾아보고자 한다.

새로운 애니미즘의 대두

최근 서양에서는 사회과학, 철학, 인류학, 종교학 등에서 존재론적 전회(ontological turn)에 대한 논의가 활발하게 전개되고 있다. 특히 인류학

---

12 참고로 'ㅎ놀님' 개념이 나오는 『용담유사』는 1880년에 최시형이 편찬한 것이다.

과 종교학에서 전개되는 존재론적 전회 논의의 핵심은 애니미즘의 재해석이다. 애니미즘 재해석은 '인간-비인간', '문화-자연', '생명-무생명'과 같은 서구 근대의 이원론적 사고를 극복하고자 하는 시도이다. 원래 영어의 애니미즘(animism)은 '생명', '숨', '영혼' 등을 의미하는 라틴어 아니마(anima)에서 유래한 말로, "만물에 영(anima)이 깃들어 있다"는 믿음을 나타내는 개념으로 사용되어 왔다. 그러나 오늘날에는, 대안적 문명을 지향하는 생태운동의 현장에서 애니미즘이라는 말이 자주 등장하고 있다. 서구 근대와는 다른 존재론을 모색하려는 시도가 새로운 애니미즘을 중심으로 활발히 전개되고 있기 때문이다.[13]

그 대표적인 학자가 레비스트로스(Claude Lévi-Strauss)의 후계자인 프랑스 인류학자 필리프 데스콜라(Philippe Descola)이다. 데스콜라는 인류학에서 관계성에 중심을 둔 존재론적 전회 논의를 활성화시킨 장본인이다. 그는 자신의 아마존 연구 경험을 토대로 애니미즘을 첫 번째 존재론으로 제시하면서, 토테미즘(totemism), 자연주의(naturalism), 아날로지즘(analogism)과 더불어 애니미즘을 대표적인 세계관 중 하나로 꼽았다.

---

13   유기쁨, 「애니미즘의 생태주의적 재조명: 믿음의 방식에서 삶의 방식으로」, 『종교문화비평』 17, 2010, 235쪽.

〈데스콜라의 네 가지 존재론〉[14]

유사적 내면성들 (similar interiorities) 차이적 물질성들 (dissimilar physicalities)	애니미즘 (Animism)	토테미즘 (Totemism)	유사적 내면성들 (similar interiorities) 유사적 물질성들 (similar physicalities)
차이적 내면성들 (dissimilar interiorities) 유사적 물질성들 (similar physicalities)	자연주의 (Naturalism)	아날로지즘 (Analogism)	차이적 내면성들 (dissimilar interiorities) 차이적 물질성들 (dissimilar physicalities)

데스콜라에 의하면, 인간과 비인간 사이의 유사성과 차이성은 내면성 (interiority)과 물질성(physicality)이라는 두 가지 속성에 의해 식별된다. 다시 말하면 내면적 차원과 물질적 차원의 연속성과 불연속에 따라 인간과 비인간이 분류된다. 그런데 애미니즘의 특징은 인간과 비인간이 동일한 내면성의 요소를 공유하는데, 단지 물질성의 요소만 다르다고 보는 점에 있다.[15] 이것은 서구 근대적 세계관[자연주의]에서 인간과 비인간이 동일한 물질성의 요소를 공유하는 반면에 내면성은 다르다고 본 것과 극명한 대조를 이루고 있다. 브라질의 인류학자 에두아르두 비베이루스 지 까스뜨루(Eduardo Viveiros de Castro)에 의하면, "유럽인의 우주론이 신체(자연)

---

14   Philippe Descola, *Beyond Nature and Culture,* Chicago: University of Chicago Press, 2013, p.122.

15   차은정, 「인류학에서의 탈서구중심주의: 데스콜라의 우주론과 스트래선의 탈전체론을 중심으로」, 『서강인문논총』 58, 313쪽.

의 유일성과 정반대로 정신(문화)의 다양성을 전제하는 반면에, 원주민의 우주론은 정신(문화)의 단일성과 신체(자연)의 다양성을 전제한다." 즉 "원주민은 인간과 비인간, 생물과 무생물, 살아 있는 것과 죽은 것이 모두 같은 종류의 영혼을 가지고" 있는데, 다만 신체가 다를 뿐이라고 본다는 것이다.[16] 이와 같은 원주민의 우주론이 바로 데스콜라가 말하는 '애니미즘적 우주론'에 해당한다.

서양에서는 데스콜라의 애니미즘 정의를 바탕으로 비인간 존재들을 'person', 다시 말해 사회적 관계 속에서 하나의 '주체'로 인식하는 방향으로 나아가고 있다. 이와 같이 새롭게 해석되면서 급부상하고 있는 서양의 애니미즘 논의를 한국학계에 소개한 대표적인 학자는 종교학자 유기쁨과 인류학자 차은정이다. 특히 유기쁨은 애니미즘을 대중화한 에드워드 버넷 타일러(E. B. Tylor)의 *Primitive Culture: Researches into the Development of Mythology, Philosophy, Religion, Language, Art, and Custom*(원시문화: 신화, 철학, 종교, 언어, 예술, 관습의 발달에 관한 연구)를 한국어로 번역하였을 뿐만 아니라(『원시문화』(1·2), 아카넷, 2018), 두 편의 관련 논문 「애니미즘의 생태주의적 재조명: 믿음의 방식에서 삶의 방식으로」(『종교문화비평』 17, 2010)와 「인간적인 것 너머의 종교학, 그 가능성의 모색: 종교학의 '생태학적 전회'를 상상하며」(『종교문화비평』 35, 2019)에서

---

16 에두아르두 비베이루스 지 까스뜨루, 『식인의 형이상학: 탈구조적 인류학의 흐름들』, 박이대승·박수경 옮김, 후마니타스, 2018, 305쪽.

애니미즘을 재조명하면서 탈근대적 애니미즘론의 방향을 탐색하였다. 나아가서 생태계 위기에 직면한 오늘날, 애니미스트로부터 배울 점은 단지 만물에서 신성을 발견하는 것이 아니라 '다르게 살아가는 방식'이라고 주장하였다. 이 글에서 논하는 애니미즘론도 기본적으로는 유기쁨의 선행 연구와 관점을 따르고 있다.[17]

일반적으로 종교학 개론서에서 소개되는 에드워드 타일러의 애니미즘은 '종교의 기원'을 설명하는 용어로 이해되어 왔다.[18] 하지만 최근의 애니미즘 연구자들의 공통된 견해는 타일러가 종교의 기원이 아니라 '종교의 본질'(essence of religion)로서 애니미즘을 논했다는 것이다.[19] 그레이엄 하비는 종교의 본질에 대한 타일러의 이론이 종교의 기원에 대한 이론으로 잘못 인식되었다고 주장한다.[20] 하비에 의하면 애니미즘에는 크게 두 종류가 존재하는데, 하나는 "영혼에 대한 믿음"을 의미하는 애니미즘으로, 이는 종교의 기원 혹은 본질과 관련된 이론이다. 다른 하나는 이 세계는

---

17 참고로 일본의 문화인류학자 이와타 게이지(岩田慶治)도 애니미즘을 초기의 종교 형식이 아니라 하나의 우주적 감각이자, 인간과 우주(자연)의 관계를 재구성하는데 도움이 된다고 주장하면서 신애니미즘을 주장한다. 박규태, 「'신불(神佛) 애니미즘'과 트랜스휴머니즘: 가미(神)와 호토케(佛)의 유희」, 『일본비평』 17, 2017, 116쪽.

18 "타일러의 애니미즘 이론은 '종교의 기원은 무엇일까?'라는 물음에 대한 해답을 찾기 위해 제시된 것이다." 러셀 T. 맥커천, 『종교연구 길잡이』, 김윤성 옮김, 한신대학교출판부, 2015, 196쪽.

19 이와 관련해서는 유기쁨의 「애니미즘의 생태주의적 재조명: 믿음의 방식에서 삶의 방식으로」를 참조하기 바란다.

20 Graham Harvey, "Animals, Animists, and Academics" in Zygon, vol. 41, no. 1, 2006, p.11.

존경받을 자격이 있는 '퍼슨들'(persons)의 관계망이자 공동체에 다름 아니라는 신애니미즘(new animism)으로, 최근 들어 전혀 새로운 의미로 재해석되고 있는 애니미즘이다. 그레이엄 하비는 애니미스트와 애니미즘을 "애니미스트들은 세계는 퍼슨들로 가득 차 있고, 그들 중 일부만이 인간이며, 삶은 항상 타자와의 관계 속에서 살아간다는 사실을 인식하는 사람"으로, 애니미즘을 "인간과 다른 퍼슨들을 객체가 아닌 주체로 인식하고, 존중하는 태도로 행동하는 방식을 배우는 것"으로 정의한다.[21]

하비의 정의에 의하면 애니미스트들이란 인간 이외의 존재도 퍼슨으로 인정하는 세계관을 지닌 사람들이다. 그래서 그들에게 세계는 다음과 같이 인식된다; "이 세계는 인간뿐만 아니라 인간 이외의 퍼슨들로 이루어져 있고, 그 퍼슨들은 객체가 아닌 행위주체로 인식되며, 다른 퍼슨들과의 관계 속에서 다른 퍼슨들을 존중하며 살아간다." 즉 우리가 사는 세계는 퍼슨적 주체들이 서로 공경하고 관계하면서 살아가고 있는데, 이 퍼슨적 주체에는 인간뿐만 아니라 비인간 존재도 포함되어 있다는 것이다.

한걸음 더 나아가서 하비는 종교를 관계적(relational), 물질적(material), 참여적(paricipative) 세계에 함께 거주하는 퍼슨들과의 교섭(negotiation)으로 정의한다.[22] 종교란 관계적 존재들이 타자들과 함께 종교의 경계를 넘

---

21   Graham Harvey, *Animism: Respecting the Living World*, New York: Columbia University Press, 2006, p. xvii.

22   Graham Harvey, *Food, Sex and Strangers: Understanding Religion as Everyday Life*, Acumen: Durham, 2013, p. 220.

어서 참여하는 문제라는 것이다.[23] 그래서 종교적 행위는 종의 경계를 넘어 존중(respect)을 구축하는 것으로, 다종공동체(multispecies communities)에서 협력을 창출하고 지속하는 것에 다름 아니라고 본다.[24]

  서양에서 이와 같은 새로운 애니미즘에 대한 학문적 접근이 시작된 것은 1999년 무렵부터이다. 이 해에 발표된 인류학자 누리트 버드 데이비드(Nurit Bird-David)의 논문은 서양 인류학계에서 시작된 이른바 존재론적 전회에 커다란 영향을 주었다.[25] 데이비드에 따르면, 나야카 사람들은 숲 속에 사는 동물들을 인간과 동일한 존재자이자 공동 거주자로 인식했고, 책임감 있게 관계를 맺어야 한다고 생각한다. 마찬가지로 어빙 할로웰(Irving A. Hallowell)이 오지브웨(Ojibwe)족들로부터 배운 통찰은 그레이엄 하비의 신애니미즘 논의에 영향을 주었다. 할로웰은 1930년대 캐나다 중남부에 있는 베르엔스 강(Berens River)의 오지브웨에 살면서, 그들의 세계관을 통해 감사하고 존중하는 법을 배웠다고 회고하였다.[26] 이러한 학습을 바탕으로 할로웰은 '퍼슨'(person)과 '인간'을 동일시하는 관점을 비판한다. 그는 오지브웨족의 관점에서 퍼슨 개념은 인간을 초월해 있다고 지적하면서, 퍼슨에는 인간 이외의 존재(other than human beings)가 포함

---

23 *Ibid*, pp.ix-x.

24 *Ibid*, p.113.

25 Nurit Bird-David, "'Animism' Revisited: Personhood, Environment, and Relational Epistemology," in *Current Anthropology*, Volume 40, 1999.

26 Graham Harvey, "Animals, Animists, and Academics", p.12.

된다고 주장한다. 즉 오지브웨족에게 퍼슨은 '인간 퍼슨', '동물 퍼슨', '바람 퍼슨', '돌 퍼슨' 등을 포괄하는 범주로 이해된다는 것이다.[27] 그래서 인간이란 수많은 퍼슨들의 신체성 중 하나에 불과하게 된다. 그리고 이러한 애니미즘적 세계관 속에 살고 있는 원주민들에게는 나무나 바위와 같은 비인간 존재들은 단순한 나무(tree)나 바위(rock)가 아니라, 나무-퍼슨(tree-person)이나 바위-퍼슨(rock-person)으로 인식된다. 이러한 사실을 바탕으로 그레이엄 하비는 애니미즘을 "비인간 존재들도 행위주체로 간주하고 존중하는 태도"라고 규정한 것이다.

한편 이러한 애니미스트적 세계관은 지구학자(geologian)를 자칭한 토마스 베리의 '지구공동체' 개념과도 상통한다. 베리는 전 세계의 원주민들은 '모든 존재들의 협의회'(Council of All Beings)와 같은 자생적 형태의 지구공동체(Earth Community)에 대한 인식이 이미 갖춰져 있다는 점에 주목하였는데,[28] 이러한 지구공동체 개념은 지구와 인간 그리고 비인간 존재를 포함한 지구의 모든 구성원들이 주체라고 하는 인식을 전제로 한다는 점에서 애니미스트적 세계관과 호응하고 있다.

---

27 Irving A. Hallowell, "Ojibwa Ontology, Behavior, and World View." in *Culture in History: Essays in Honor of Paul Radin*, ed. S. Diamond, New York: Columbia University Press, 1960, p. 21.

28 토마스 베리, 『황혼의 사색』, 36쪽.

퍼슨과 님

그렇다면 애니미스트들은 어떤 것을 퍼슨으로 인식하는가? 버드-데이비드에 의하면 다른 존재들을 인격화한(personify) 뒤에 그들과 사회화하는(socialize) 것이 아니라, 그들과 사회화하기 때문에 그들을 인격화한다는 것이다.[29] 또한 할로웰은 실질적인 상호작용이 있을 경우에만 퍼슨으로 인식하고 관계가 형성된다고 하였다. 상호작용 이전에는 모든 존재들은 퍼슨으로 분류될 수 있는 잠재적인 구성원으로 남게 된다.[30]

그런데 이와 같은 퍼슨 인식은 전통시대 한국인들의 사물 인식과 크게 다르지 않다. 고려시대의 문인 이규보는 자신과 오랫동안 관계 맺어온 사물들에게서 느낀 연대감과 의존감을 한시(漢詩)로 표현하였다. 자신과 "정이 들면" 설령 그것이 책상이나 벼루와 같은 사물일지라도 동반자나 반려자로 인식된다는 것이다. 이러한 측면에 일찍이 주목한 연구자는 박희병이다. 그는 이규보의 한시에 나타난 사물인식을 '생태적' 측면에서 분석하면서, 이규보가 사물에게서 연대와 감사의 정서를 느끼고 있

"Nayaka' do not first personify other entities and then socialize with them but personify them as, when, and because [they] socialize with them'." Danny Naveh, Nurit Bird-David, "How Persons Become Things: Economic and Epistemological Changes among Nayaka Hunter-gatherers," in *Journal of the Royal Anthropological Institute* 20, 2014, p. 83.

Miguel Astor-Aguilera · Graham Harvey(eds.), *Rethinking Relations and Animism: Personhood and Materiality*, New York: Routledge, 2018, pp. 43-44.

다고 해석하였다. 이규보는 한글이 창제되기 이전의 인물이기 때문에 당연히 '님'이라는 말을 쓰고 있지는 않다. 하지만 그가 한문으로 표현한 애틋한 사물들은 한국말로 하면 '정든 님'에 다름 아니다. 그래서 이 글에서는 한국어의 '님'을 영어 'person'의 번역어로 사용하고자 한다. 가령 tree-person은 '나무님', rock-person은 '바위님'과 같이-. 그 이유는 퍼슨, 즉 인격(人格)은 말 그대로 인간 존재에만 한정되는 뉘앙스를 담고 있는데 반해, '님'은 비인간 존재에게도 쓰일 수 있고, 공경하는 태도까지 담겨 있기 때문이다.[31] 또한 '님'은 단독으로도 쓰인다는 점에서도 person과 유사하다. 이에 반해 일본어의 'さま'(사마, 様)나 중국어의 '主'(쭈)는 접미사로만 쓰인다. 이러한 차이에 주목하면서 다음 절에서는 이규보의 한시에 나타난 사물 인식을 님의 관점에서 재해석하고자 한다.

---

31 참고로 유기쁨은 애니미스트들의 person의 용례를 소개하면서 person 번역의 어려움을 토로한 적이 있다. '개체', '개성'과 같은 번역어로는 '살아 있는 존재'라는 person의 의미를 담을 수 없다고 하면서, '사람'이라는 번역어를 임시적인 대안으로 제시하였다. 유기쁨, 〈애니미즘의 재발견과 "person"의 번역〉, 《한국종교문화연구소 뉴스레터》(온라인) 468호, 2017년 5월 2일자.

2.
이규보의 사물과 친구되기[*]

* 이 장은 2021년 3월 19일에 원광대학교 숭산기념관에서 있었던 원불교사상연구원 주최 학술대회 〈지구화 시대의 인문학: 경계를 넘는 지구학의 모색〉에서 발표한 조성환의 「인류세 시대의 한국철학: '님'을 노래한 시인 이규보」를 수정한 것이다.

이규보의 사물인식

박희병은『한국의 생태사상』(돌베개, 1999)에서 이규보의 사상을 생태철학적 측면에서 고찰하면서 그의 물론(物論)을 논하였다. 그것에 의하면 이규보는 사물에 대해 두 가지 사상적 태도를 가지고 있었다. 하나는 만물일류(萬物一類) 사상이고, 다른 하나는 여물(與物) 의식이다. '만물일류사상'이란 "만물을 일류(一類)로 보네"(萬物視一類, 「北山雜題」)라는 이규보의 시구에서 따온 표현으로,[32] 중국철학에서 말하는 '만물일체사상'과 유사하다. 그래서 박희병은 이것을 장자의 제물(齊物)사상의 영향으로 보는데, 다만 단순한 수용은 아니고 이규보가 나름대로 '자기화'하였다고 평가하였다(120쪽). 그 이유는 이규보의 만물일류사상은 장자의 제물사상에 측은지심과 자비의 정서가 결합된 형태라고 보기 때문이다. 예를 들면 다음과 같다.

---

32 박희병,『한국의 생태사상』, 돌베개, 1999, 120쪽. 이하에서는 본문의 괄호 안에 쪽수만 표시.

다 같이 살기 위해 하는 짓이니 어찌 너(=쥐)만 나무라겠니!

  -「쥐를 놓아주다」(放鼠)[33]

어찌 타오르는 화롯불이 없으리오만 (너를) 땅에 던지는 건 나의 자비

  -「이를 잡다」(捫蝨)[34]

(파리가) 술에 빠져 죽으려 하니 맘이 아프네. 살려주는 은근한 이 마음
잊지 말아라.

  -「술에 빠진 파리를 건져주다」(拯墮酒蠅)[35]

  여기에는 이규보가 쥐, 이, 파리와 같은 미물들을 차마 죽이지 못하고
자비심을 발휘하여 살려주는 마음이 잘 나타나 있다. 이규보의 시가 '불
교시'로 분류되는 이유도 여기에 있다.[36] 그런데 박희병에 의하면 이것은
단순한 애물사상의 발로가 아니라 만물일류사상이 가미된 애물사상이
다. 다시 말하면 이규보 나름대로의 우주론에 바탕을 둔 애물(愛物)이라
는 것이다. 그리고 그런 의미에서 조선중기의 김시습의 애물사상보다는

---

33 "均爲口腹謀, 何獨於汝討."『동국이상국전집』제16권「고율시(古律詩)」.『(고전국역총
    서) 동국이상국집(III)』, 민족문화추진회, 1989, 43쪽.

34 "豈無爐火熾, 投地是吾慈."『동국이상국후집』제4권「고율시(古律詩)」.『(고전국역총
    서) 동국이상국집(V)』, 민족문화추진회, 1989, 261쪽.

35 "莫忘殷勤拯溺慈." 위의 책, 251쪽.

36 가령 신영순,「이규보 불교시 연구」, 숙명여자대학교 교육대학원 석사논문, 1993 등.

제4장 인류세 시대 존재론의 전환 | **167**

중국의 장횡거나 왕양명에 가깝다고 지적하고 있다. 그 이유는 김시습의 애물사상이 인간중심적인 차등적 물관(物觀)을 견지하고 있는데 반해, 장횡거와 왕양명은 민포물여(民胞物與)[37]와 만물일체의 인(仁)과 같이 우주적 스케일을 갖고 있기 때문이다. 그러나 이규보의 사상적 연원에 대해서는 장횡거나 왕양명의 영향을 받은 것이 아니라, 자신의 사유를 스스로 전개하여 만물일류사상에 도달하였다고 평가하고 있다(121-122쪽).

이러한 관점에서 박희병은 만물일류사상에서 우러나온 애물(愛物)의 태도를, 인간중심적인 애물과 구분하여 '여물'(與物)이라고 명명한다. 여기에서 '여물'은, 직역하면 "사물과 함께한다"는 뜻인데, 이 말에 담긴 애니미즘적 의미는 "비인간 존재까지도 이웃으로 생각한다"는 것이다. 박희병이 들고 있는 이규보의 여물의식의 구체적인 사례는 다음과 같다.

> 날아오는 한 쌍의 저 제비, 옛집을 잊지 않고 있었구나.
> 애써 나의 집 찾아 주니, 의당 친구로 대우하리.[38]

이 문장은 「옛 제비가 찾아오니」(舊燕來)라는 시의 첫머리인데, 여기에서 이규보는 옛 집을 잊지 않고 찾아오는 제비를 "옛 친구로 대하겠다"

---

37 "민포물여(民胞物與)"는 "民吾同胞, 物吾與也"의 준말로, 직역하면 "백성은 나의 동포이고, 만물은 내가 함께한다"는 뜻이다.

38 "翩翩一雙鷰, 知有舊巢在, 勤尋我宅來, 當以故人待." 『동국이상국후집』 제9권 고율시(古律詩), 「구연래이수(舊鷰來二首)」. 『(고전국역총서) 동국이상국집(VI)』, 민족문화추진회, 1989, 168쪽.

(以故人待)고 말한다. 인간 이외의 존재까지도 친구의 범위에 넣고 있는 것이다. 그레이엄 하비 식으로 말하면 퍼슨으로 간주하는 셈이고, 토마스 베리의 "befriending the Earth"(지구와 친구되기)[39]라는 표현을 빌리면 "befriending the swallow"(제비와 친구되기)라고 할 수 있다. 그래서 박희병은 이 시에는 비록 '여물'이라는 표현은 나오지 않지만, 동물까지도 친구로 대하고 있다는 의미에서 여물의식의 발로라고 본 것이다.

인간과 사물의 상호의존

홍미롭게도 이규보는 동물에서 한 걸음 더 나아가서 무생물에 대해서도 여물(與物)의 태도를 견지하고 있다. 이것은 마치 동학사상가 최시형이 최제우의 '하늘'의 범위를 인간에서 만물로 확장시켜 "만물이 하늘이다"라고 선언한 것을 연상시킨다(萬物莫非侍天主). 이규보는 자신이 사용하던 벼루를 향해 다음과 같이 맹세하고 있다(123쪽).

나는 비록 키가 6척이나 되지만(吾雖六尺長)

사업이 너를 빌려 이루어진다(事業借汝遂).

---

39   Thomas Berry with Thomas Clarke, *Befriending the Earth: A Theology of Reconciliation Between Humans and the Earth*, CT: Twenty-Third Publications, 1991). 우리말 번역은 토마스 베리·토마스 클락 지음, 『신생대를 넘어 생태대로: 인간과 지구의 화해를 위한 대화』, 김준우 옮김, 에코조익, 2006.

벼루여!(硯乎) 나는 너와 함께 돌아가겠다(與汝同歸).

살아도 너로 말미암고 죽어도 너로 말미암겠다(生由是, 死由是)

- 「소연명」(小硯銘)[40]

여기에 나오는 與汝(여여)는 박희병이 명명한 與物(여물)의 다른 표현으로 볼 수 있다. 그런 점에서 '與'(함께)의 범위가 생물에서 무생물로 확장되었다고 할 수 있는데, 여기에서 주목할 만한 점은 같은 '여물'이라고 하여도 앞에 나온 파리나 쥐의 사례와는 유형이 다르다는 점이다. 물(物)에 대한 감정이 연민이나 자비보다는 '고마움'이나 '동지애'로 표현되고 있기 때문이다. 그래서 박희병은 이 구절의 의미를 다음과 같이 설명한다.

이 글은 (…) 일촌밖에 안 되는 벼루라고 해서 6척의 '나'에게 부끄러움을 느낄 필요가 없다는 것, '나'는 물(物)인 벼루에 의지함으로써만 나를 실현할 수가 있다는 것, 그 고마움을 생각하면 '너'와 '나' 두 존재 사이에 어떤 연대감을 느끼게 되고, 그래서 생사를 함께하고자 한다는 것, 이런 메시지를 함축하고 있습니다.(123쪽)

즉 연민이나 자비보다는 의존, 감사, 연대의 정서가 표출되고 있다는 것이다. 이러한 정서는 나와 벼루가 상호 의존관계에 있다는 자각에서

---

40 『동국이상국전집』 제19권 「잡저(雜著)」. 『(고전국역총서) 동국이상국집(III)』, 166쪽.

나오는 고마움과 연대감이다. 이 경우에는 '여물'의 '與'(여)가 단순한 이웃이나 친구의 의미를 넘어 '동지'나 '파트너'로까지 발전하고 있다. 즉 서로 협력하고 연대하는 관계를 나타내는 '여'(與)인 것이다.

이와 비슷한 시가 「續折足几銘」(속절족궤명)이다. 이 시는 다리가 부러진 책상을 고친 후에 쓴 글로, 박희병에 의하면 사람과 사물이 '상호의존적' 관계에 있다는 이규보의 생각을 잘 보여주고 있다(124쪽).

> 나의 고달픔을 부축해 준 자는 너요(扶翁之憊者爾乎),
>
> 네가 절름발이 된 것을 고쳐준 자는 나다(醫爾之躄者翁乎).
>
> 같이 병들어 서로 구제하니(同病相救),
>
> 어느 한쪽이 공(功)을 주장할 수 있겠는가?(孰尸其功乎)[41]

여기에서 주목할 만한 것은 사물에 대한 의존관계에서 한 걸음 더 나아가서 인간과 사물의 상생관계를 말하고 있다는 점이다. "동병상구"(同病相救)라는 표현이 그것이다. 자신은 책상의 위로를 받았고, 책상은 자신에 의해 치료를 받았기 때문이다. 여기에서 책상은 단지 인간의 편의를 위해 존재하는 도구적 존재가 아니라, 인간의 삶을 도와주는 은혜로운 존재로 인식되고 있다. 박희병도 이런 점에 주목하여 이 시를 다음과 같이 해석하고 있다.

---

41 『동국이상국전집』 제19권 「명(銘)」, 위의 책, 166쪽.

(이규보는) 物我相救(물아상구)라고 요약할 수 있는 깨달음에 이르고 있다. (…) 장자의 제물사상에서 출발한 이규보가 장자를 자기화함으로써 존재의 근원적 연대성을 깊이 투시하는 데까지 이르렀음을 잘 보여준다. (124쪽)

여기에서 박희병은 이규보의 동병상구(同病相救)를 물아상구(物我相救)로 바꿔 표현하면서 이규보가 "장자를 자기화"하였다고 분석하고 있다. 그렇다면 무엇을 자기화한 것일까? 여기에서 '자기화'란 구체적으로 무엇을 말하는 것일까? 장자의 제물(齊物) 사상에 '무엇'이 추가되어 이규보적인 여물(與物) 사상이 된 것일까? 박희병에 의하면, 앞서 소개한 생물들의 사례에서 자기화의 요소는 자비와 애물이다. 그런데 이곳의 무생물의 사례에서는 상황이 달라지고 있다. 자비나 애물보다는 감사나 연대의 감정이 부각되고 있기 때문이다. 그렇다면 무생물에 대한 감사와 연대의 감정은 어디에서 비롯되는 것일까?

아마도 그것은 인간과 사물이 서로 의존하고 서로 살려주는 상의(相依)와 상생(相生)의 관계에 있다는 사실에 대한 자각의 발로일 것이다. 달리 말하면 인물상의(人物相依)와 인물상생(人物相生) 관계에 대한 자각인 것이다. 바로 이 점이 장자의 제물사상이나 중국의 만물일체사상과의 차이이다. 제물사상이나 만물일체는 '일체성'을 강조하지만, 상의나 상생은 '상호성'을 강조하기 때문이다. 이렇게 해석하면, 앞에서 살펴본 자비와 연민의 사례도 상호성의 측면에서 새롭게 이해될 수 있다. 예를 들면 다음과 같다.

사람은 하늘이 낳은 물('物)을 도둑질하고(人盜天生物),

너는 사람이 도둑질한 걸 도둑질하누나(爾盜人所盜).

똑같이 먹고 살기 위해 하는 짓이니(均爲口腹謀),

어찌 너만 나무라겠니!(何獨於汝討)

－「쥐를 놓아주다」(放鼠)

　여기에서 하늘과 사람, 그리고 쥐는 제각기 동떨어져 있는 존재가 아니
라 서로 긴밀하게 연결되어 있다. 하늘이 생성한 것을 사람이 훔치고, 사
람이 훔친 것을 다시 쥐가 훔치기 때문이다. 그래서 하늘이 생성하지 않
으면 사람은 먹을 것이 없게 되고, 사람이 훔치지 않으면 쥐도 먹을 것이
없게 된다. 그렇다면 "똑같이(均) 먹고 살기 위해 하는 짓이다"는 말은 전
후맥락상 단지 각자도생(各自圖生)을 의미한다기보다는 상호연결성이라
는 함축을 담고 있는 셈이다. '내가 살고 싶으니까 쥐도 살고 싶겠지'라고
하는 '살고 싶은 욕망'에 대한 공감([!均])이 "내가 하늘에 의존해 있듯이 쥐
도 나에게 의존해 있다"는 의존관계에 대한 공감과 동시에 표현되고 있
기 때문이다. 쉽게 말하면 내가 기생하고 있듯이 쥐도 기생하고 있으니
까, 내가 하늘로부터 도둑질하듯이 쥐도 나로부터 도둑질하는 것이 이해
가 된다는 것이다. 이규보가 쥐를 살려준 것은 바로 이러한 관계, 즉 자기
와 '동일한' 의존관계에 있다는 사실에 공감했기 때문이었으리라. 그 동
일함과 공감을 나타낸 개념이 '균'(均)이다.

님의 사상사

이규보가 제비나 쥐와 같은 생물은 물론이고, 벼루나 책상과 같은 무생물에게까지 연대와 연민과 공감의 정서를 느낀 것은 조선후기에 유씨부인(兪氏婦人)이 쓴 「조침문」(弔針文)을 연상시킨다. 「조침문」에서 바늘이 특별한 재주를 지녔다고 절찬하는 대목은[42] 이규보가 벼루에 대해서 "사업이 너를 빌려 이루어졌다"(事業借汝遂. 「小硯銘」)고 평가한 구절과 상통한다. 장자(莊子)적으로 말하면 사람뿐만 아니라 사물에게도 '덕(德)=역량'이 있음을 인정하는 것이다.[43]

아울러 유씨부인이 부러진 바늘에 대해서 "후세(後世)에 다시 만나 평생 동거지정(同居之情)을 다시 이어, 백년고락(百年苦樂)과 일시생사(一時生死)를 한가지로 하기를 바라노라."[44]라고 고백하는 대목은 이규보가 벼루에 대해서 "생사를 함께 하고자 한다"(生由是, 死由是. 「小硯銘」)고 맹세했던 구절과 흡사하다. 마치 현대인들이 '반려동물'을 가족이나 벗으로

---

42   "아깝다 바늘이여, 어여쁘다 바늘이여, 너는 미묘한 품질과 특별한 재치를 가졌으니, 물중(物中)의 명물(名物)이요, 굳세고 곧기는 만고(萬古)의 충절(忠節)이라. 추호(秋毫) 같은 부리는 말하는 듯하고, 두렷한 귀는 소리를 듣는 듯한지라. 능라(綾羅)와 비단(緋緞)에 난봉(鸞鳳)과 공작(孔雀)을 수놓을 제, 그 민첩하고 신기(神奇)함은 귀신이 돕는 듯하니, 어찌 인력(人力)이 미칠 바리요." 유씨부인 외, 『조침문』, 구인환 엮음, 신원문화사, 2018, 15쪽.

43   임태규에 의하면, 장자에서의 덕은 "개인의 존재 가치를 발휘하는 내재적 역량이나 힘과 관련된 용어"이다. 임태규, 「장자 '덕'개념의 미학적 해석: 예술 주체의 관점을 중심으로」, 『미학 예술학 연구』 31, 한국예술미학학회, 2010, 259쪽.

44   유씨부인 외, 『조침문』, 17쪽.

여기듯이, 유씨부인과 이규보는 바늘이나 벼루를 '반려사물'로 여기는 것이다. 달리 말하면 '반려'의 범위를 생물에서 무생물로 확장하고 있는 것이다.

이러한 정서를 표현하는 말이 한국어의 '님'이다. 님은 상대에 대한 그리움은 물론이고 존경과 연민의 정서까지 담고 있기 때문이다. 동학사상가 해월 최시형이 인간뿐만 아니라 만물도 '하늘님'이라고 한 것은 사물에게서 님의 정서를 느꼈기 때문이리라. 하늘을 노래한 시인 윤동주가 「서시」에서 "모든 죽어가는 것을 사랑해야지"라고 한 것도 죽어가는 것으로부터 님의 정서를 느꼈기 때문일 것이다. 최시형 식으로 말하면 "하늘(=생명)에 대한 공경"의 마음을 느낀 것이다. 그런 의미에서 이규보의 물론(物論)은 님론이라고 할 수 있고, 그의 「소연명」(小硯銘)이나 「속절족궤명」(續折足几銘)은 "님을 노래한 시(님歌)"라고 할 수 있으며, 유씨부인의 「조침문」은 "님을 그리워하는 글"(思慕曲)이라고 볼 수 있다.

한편 이규보가 「소연명」에서 "너를 빌려 사업을 이룬다"(事業借汝遂)고 표현한 것은 최시형이 인간과 하늘의 관계를 "천인상여"(天人相與), 즉 "하늘과 사람이 함께한다"고 한 말을 연상시킨다. 여기에서 하늘은 만물 속에 들어 있는 생명력을 말한다. 최시형에 의하면, 사람은 만물(음식) 속의 하늘(생명력)을 먹고 살아가고, 하늘은 사람의 힘을 빌려서 자신의 생명력을 표현하는데, 그런 점에서 양자는 상호의존 관계에 있다.[45] 이것을

45　人依食而資其生成, 天依人而現其助化. 人之呼吸動靜屈伸衣食, 皆天主造化之力. 天人

표현한 말이 '천인상여'이다. 이 표현을 빌리면, 이규보가 인식한 인간과 사물의 관계는 '人物相與'(인물상여)라고 할 수 있다. 인간과 사물이 상호 의존 관계에 있다고 보기 때문이다. 여기에서 물(物)을 '하늘님'으로 표현한 것이 최시형의 동학사상이다. 따라서 이규보와 최시형은, 적어도 물론(物論)의 측면에서는 상통하는 점이 있다. 왜냐하면 이규보에게서도 물(物)을 님으로 대하는 태도가 엿보이기 때문이다.

한편 이규보가 인간은 사물과 상호 의존 관계에 있기 때문에 그것에 대해 감사하는 마음을 표시한 것은, 20세기에 탄생한 한국의 자생종교 원불교(圓佛教)의 은(恩)사상을 연상시킨다. 원불교의 핵심교리 중의 하나는 사은(四恩)인데, 여기에서 '은'(恩)은 "그것이 없으면 살 수 없는 관계"를 말한다. 원불교의 창시자인 소태산 박중빈(1891~1943)은 이러한 은혜의 관계를 "천지·동포·부모·법률"이라는 네 가지로 범주화시켜서 사은(四恩)이라고 하였다. 사은은 불교적인 인과보응의 진리를 은혜의 관점에서 재해석한 교리라고 할 수 있다. 따라서 원불교에서는 크게는 천지(우주), 작게는 만물을 모두 '님'으로 삼는 셈이다.

한편 소태산 박중빈과 동시대를 살았던 일제강점기의 문인들은 님을 노래하기 시작하였다. 김소월의 「님과 벗」(1922), 「님의 노래」(1923)를 시작으로 한용운의 『님의 침묵』(1926), 신석정의 「임께서 부르시면」(1931)이 대표적이다. 일제강점기로 들어오자 문인들이 최제우의 하늘님에서

相與之機, 須臾不可離也. 『해월신사법설』, 「2. 천지부모」, 134쪽.

'하늘'을 떼고서 '님'을 단독으로 노래하기 시작한 것이다. 이와 같이 하늘님 철학과 님의 문학이 19세기 후반에서 20세기 초에 등장하였다는 사실은 의미심장하다. 이 시기는 서세동점과 일제강점기라고 하는 국가적 위기상황이자 한국인의 미래와 희망이 좌절된 상실의 시기 때문이다. 이 암흑기에 님이 철학화되고 문학화되었다는 점은 역설적으로 희망과 미래에 대한 동경과 의지가 강렬했음을 말해주는 것이리라.

　일제강점기의 님의 문학 중에서도 특히 만해 한용운(1879~1944)은 독특한 위치를 점하고 있다. 그는 님이라는 말을 통해서 자신이 깨달은 우주를 표현하고 있기 때문이다. 한용운에 의하면 우주는 서로 얽혀 있고 모두가 동등한 님들로 이루어진 세계이다. 그런 점에서 한용운은 소태산과 상통한다. 소태산이 세계를 '은'(恩)으로 보았다면 한용운은 '님'으로 표현했기 때문이다.

3.
한용운의
님학

우주의 인과율

한용운 사상에 관한 선행연구는 여러 갈래가 있지만, 그중에서도 특히 님학과 관련해서는 생태학적 접근이 참고할 만하다. 대표적인 연구로는 김옥성의 「한용운의 생태주의 시학」(『동양학』 41, 2007)과 정연정의 「한용운의 '기룸'과 상생의 시학: 불교생태학적 관점을 중심으로」(『文학·史학·哲학』 25·26, 2011)를 들 수 있다. 이 절에서는 이 중에서 특히 김옥성의 선구적인 연구에 의존하여, 한용운의 님학을 신애니미즘이나 이규보의 사물 인식과의 관련 속에서 고찰하고자 한다.

한용운은 1931년에 쓴 「우주의 인과율」이라는 글에서 오동잎을 예로 들면서, 우주의 모든 존재는 내적 조건(오동잎의 구조)과 외적 조건(외부 환경)으로 이루어진 인과적 요소들의 결합으로 드러난다는 '우주적 인과율'을 설파하였다.

가을을 알리는 오동잎 한 잎은 봄바람에 움트던 때에 그 최후가 결정되어 있던 것이다. 오동잎은 일정한 구조가 있고, 일정한 구조가 있기 때문에 일정한 기능이 있고, 일정한 기능이 있기 때문에 일정한 수명이 있고, 일정한 수명이 있기 때문에 일정한 사별이 있다. … 그러나 오동잎 자체의 구조만으로 그 변동의 궤율과 수명의 최후를 단정할 수 없는 것이다. 왜냐하면 오동잎의 변동은 내적 조건, 즉 자체의 구성 여하에만 있는 것이 아니라 외적 상태, 즉 천재지변, 인위 및 환경의 자연 등의 모든 것이 수동되는 까닭이다. … 우주의 인과율은 이러한 것이다. 자연 인사 즉 천체의 운행, 지리의 변천, 풍우상설(風雨霜雪), 산천초목, 조수 어별(鳥獸魚鼈) 등 모든 자연과학과 국가의 흥망, 사회의 융체(隆替), 제도의 변개, 인문의 성쇠 등 모든 사회 과학의 상호 연락의 공간적 관계와 선후 연결의 시간적 관계가 어느 것 하나도 우주적 인과율의 범주 이외에 벗어나는 것이 없다.[46]

이 글로부터 우리는 한용운이 얼마나 불교적인 인과의 세계관에 철저했는지를 엿볼 수 있다. 이에 의하면 우주의 모든 존재는 그 어떤 것도 인과의 법칙에서 벗어날 수 없다. 흥미롭게도 이러한 인과적 우주론은 한용운이 '님'을 노래한 『님의 침묵』(1926)에도 수록되어 있다. 「인과율」이라는 시가 그것이다.

당신은 옛 맹세를 깨치고 가십니다. 당신의 맹세는 얼마나 참되었습니까. 그 맹세를 깨치고 가는 이별은 믿을 수가 없습니다. 참 맹세를 깨치

46   한용운, 『한용운전집(2)』, 불교문화연구원, 2006, 295쪽, 300쪽.

고 가는 이별은 옛 맹세로 돌아올 줄을 압니다. 그것은 엄숙한 인과율입니다. 나는 당신과 떠날 때에 입맞춘 입술이 마르기 전에 당신이 돌아와서 다시 입맞추기를 기다립니다. 그러나 당신의 가시는 것은 옛 맹세를 깨치려는 고의가 아닌 줄을 나는 압니다. 비겨 당신이 지금의 이별을 영원히 깨치지 않는다 하여도 당신의 최후의 접촉을 받은 나의 입술을 다른 남자의 입술에 댈 수는 없습니다.[47]

이 시에서 한용운은 연인과의 이별과 재회를 인과율로 설명하고 있다. 맹세를 저버리고 떠난 연인은 인과의 법칙에 의해 돌아오리라는 기대를 드러내기도 하고("이별은 옛 맹세로 돌아올 줄을 압니다"), 연인과의 이별은 인과의 법칙에 의한 것이라는 납득이 표현되기도 한다("당신의 가시는 것은 옛 맹세를 깨치려는 고의가 아닌 줄을 나는 압니다").

나는 너의 모임

이상의 불교적 인과론은 "모든 존재가 서로 얽혀 있다"는 연기설을 필연적으로 동반하게 된다. 한용운은 「나와 너」라는 시에서 연기적 세계관을 다음과 같이 표현되고 있다.

---

47   한용운, 『한용운전집(1)』, 불교문화연구원, 2006, 67-68쪽.

'나'가 없으면 다른 것이 없다. 마찬가지로 다른 것이 없으면 나도 없다. 나와 다른 것을 알게 되는 것은 나도 아니오 다른 것도 아니다. 그러나 나도 없고 다른 것도 없으면 나와 다른 것을 아는 것도 없다. 나는 다른 것의 모임이요, 다른 것은 나의 흩어짐이다. 나와 다른 것을 아는 것은 있는 것도 아니오, 없는 것도 아니다. 갈꽃 위의 달빛이요, 달 아래의 갈꽃이다. (『불교』 88호, 1931)[48]

「우주의 인과율」과 같은 해에 쓰인 이 시에서 한용운은 불교의 연기설을 '나'와 '너'의 개념을 가지고 설명한다. 이에 의하면 나는 우주의 일부이고("나는 다른 것의 모임") 우주는 나의 연장이다("다른 것은 나의 흩어짐"). 즉 나와 우주는 한 몸이고 연속적이라는 것이다. 여기에서 우리는 동아시아적인 천인합일적 세계관을 엿볼 수 있다. 즉 불교적 연기설을 말하고 있지만, 거기에 동아시아적 우주론이 가미되고 있는 것이다. 특히 "모임"과 "흩어짐"이라는 표현은 장자가 말하는 기(氣)의 취산과 같은 존재론을 연상시킨다.

그런데 이 글의 주제와 관련해서 흥미로운 것은 한용운이 '이것'(此)과 '저것'(彼) 대신 '나'와 '너'라는 개념을 사용한다는 사실이다. 보통 불교의 연기설을 말할 때에는 "이것이 없으면 그것이 없고, 이것이 생기기 때문

---

48 한용운, 『한용운전집(2)』, 351쪽.

에 그것이 생긴다"[49]는 식으로 말하는데, 여기에서 한용운은 '나'와 '다른 것', 또는 '나'와 '너'라는 개념을 사용한다. 나와 너는 신애니미즘의 용어로 말하면 퍼슨(person)의 범주에 들어간다. 여기에서 우리는 한용운이 인간 이외의 존재까지도 하나의 인격적 존재로 간주하고 있음을 엿볼 수 있다. 이에 대해서 김옥성은 다음과 같이 해석하고 있다.

> (만해는) 본질적으로는 인간과 만물이 평등하다는 사상에 입각해 있었던 것이다. 이와 같은 "절대평등"의 견지에서, 자아와 타자는 근대적 세계관에서의 '나'와 '그것'의 관계가 아니라, '나'와 '너'의 관계가 된다. (…) 이와 같은 만해의 사상은 부버의 형이상학과 견주어 볼만하다. 부버(…)에 의하면 근대 사회에 접어들면서 타자를 사물화하고 도구화하는 즉 '그것'으로 전락시키는 경향이 강력해졌다. 부버는 근대사회의 인간성 상실 현상을 '나'-'그것'의 관계로 진단하고, 진정한 인격적인 관계인 '나'-'너'의 관계의 회복을 주장한다. 부버가 말하는 '나'-'너'의 관계는 단지 인간 사이의 관계만은 아니다. 그것은 자연과 예술, 신을 포함한 인식론이자 존재론이다. 그러한 점에서 부버가 말하는 '나'-'너'의 존재론은 만해사상과 통하는 점이 많다.[50]

49　『한국민족문화대백과사전』(온라인)「연기(緣起)」항목.
50　김옥성,「한용운의 생태주의 시학」,『동양학』41, 2007, 13-14쪽.

김옥성의 해석을 참조하면, 한용운의 '나-너'의 존재론은 인간 이외의 존재까지도 인격적인 관계로 생각한다는 점에서, 부버의 존재론은 물론이고 신애니미즘의 존재론과도 상통한다. 다만 한용운은 불교사상가답게 만물이 서로 연결되어 있고, 그런 의미에서 평등하다는 연기적이고 화엄적인 세계관을 강조한다는 점에서 차이가 있다. 그래서 그에게는 파리나 모기와 같은 미물조차도 생명을 지닌 소중한 존재로 여겨진다. 그가 「쥐」나 「파리」 또는 「모기」와 같은 시를 남긴 것도 이러한 이유에서이다.[51] 흥미롭게도 앞에서 살펴본 이규보 역시 「쥐를 놓아주다」(放鼠)나 "이를 땅에 내려 놓다" 또는 「술에 빠진 파리를 건져주다」에서 볼 수 있듯이, '쥐'와 '파리', '모기'에 대한 연민의 정(情)을 표출한다.

이러한 정서에 대해서 김옥성이나 박희병은 자비심의 발로라고 설명한다. 실제로 이규보나 한용운도 '자비심'이라는 말을 사용한다. 그러나 한국사상사라는 거시적인 맥락에서 보면, '님'의 존재론의 표출이라고도 볼 수 있을 것이다. 즉 비록 표현은 불교적 개념을 빌리고 있지만, 최제우나 최시형이 '하늘님'이라고 표현하고, 원불교에서 '사은님'[52]이라고 말한 것을 고려해 보면, 만해의 님의 문학 역시 한국의 사상 전통에서 나온 것이라고 보아야 할 것이다.

---

51   위의 글, 18쪽.
52   〈법신불 사은님〉,《한울안신문》, 2012년 8월 20일자.

만물과의 공생

지금까지 존재론적 전회라는 커다란 흐름 속에서 애니미즘을 관계론적 존재론으로 재해석하는 최근 경향에 주목하여, 서양의 신애니미즘과 한국의 님의 존재론을 연결시켜 한국문학에 나타난 님의 의미를 추적해 보았다. 인간 이외의 존재를 행위자나 인격체로 인식하는 신유물론이나 신애니미즘의 존재론은 인간의 편의를 위해 존재하는 도구적 존재가 아닌 은혜로운 존재로 인식하는 한국의 님의 존재론을 연상시킨다. 그런 의미에서 양자 사이의 대화는 충분히 가능하다고 생각한다.

최근에 부상하고 있는 인류세 담론은 서구 근대의 인간중심주의를 비판하면서 인간과 비인간, 인간과 지구와의 관계에 대한 새로운 성찰을 제기하고 있다. 인류학 분야를 중심으로 활발하게 논의되고 있는 존재론적 전회는 이러한 인류세 담론에 대한 인문학적 대응 중의 하나이다. 존재론적 전회의 대표적인 경향들로는 다자연주의, 관점주의 그리고 신애니미즘 등을 꼽을 수 있는데, 이들의 공통된 견해는 비인간적 존재를 주체로 간주하고 인간과 비인간을 대칭적으로 본다는 점에 있다.

일찍이 울리히 벡이 지적했듯이, 21세기는 위험이 국가적 차원을 넘어서 지구적 차원으로 전개되기 시작한 시대이다. 서양에서 애니미즘을 재해석하는 경향이 대두되고 있는 것도 이와 무관하지 않다. 근대화 과정에서 비인간 존재들을 도구적인 '사물'로 간주한 것에 대한 반성의 일환이다. 한국의 '님'이 다시 호출되어야 할 이유도 여기에 있다. 서양의 신애니미즘과 한국의 님학은 오늘날과 같은 지구위기를 극복할 수 있는 새로운 존재론으로 삼기에 충분하다. 이 세계는 님들로 가득 차 있고, 만물을 님으로 대해야 한다는 최시형이나 한용운의 님학을, 또는 어빙 할로웰이나 그레이넘 하비가 말하는 신애니미즘을, 실제 삶의 현장에서 실천하는 것이야말로 인류가 천지만물과 함께 살 수 있는 공생의 길일 것이다.

The discovery of planetary humanities

제5장

지구학적 관점에서 본 먹음·먹힘의 철학

―발 플럼우드와 해월 최시형

허남진·조성환

"먹고 산다"는 말이 있듯이 먹는 행위는 인간이 살아가는 필수불가결한 일이다. 그런데 무언가를 먹는다는 것은 단순히 양생이나 섭생의 차원에서 끝나는 게 아니다. 조금만 더 깊게 들여다보면 그것이 정치, 경제, 문화, 과학 등 인간 사회의 거의 모든 분야와 연관되어 있음을 알 수 있다. 심지어는 자연환경과 지구환경까지도 인간의 식습관의 영향을 받는다. 인간의 먹거리가 기후에도 영향을 끼친다는 최근의 연구는 이 점을 잘 말해주고 있다.

이렇게 보면 먹는 행위는 단순히 나 한 사람의 식생활 문제로 끝나는 일이 아님을 알 수 있다. 그렇다면 우리는 먹음을 어떻게 이해해야 할까? 먹음의 인문학적 의미는 무엇일까? 특히 요즘과 같이 생태위기와 기후변화로 지구에서의 거주가능성(habitability)이 문제시되는 현실에서 먹음은 인간에게 어떤 의미가 있을까? 이 글은 이러한 문제의식에서 출발하였다.

이 문제를 생각하게 된 좀 더 직접적인 계기는 호주 출신의 생태철학자이자 생태여성주의자인 발 플럼우드(Val Plumwood, 1939~2008)와의 만남이 제공했다. 그녀는 먹음과 먹힘의 의미를 '죽음'의 관점에서 재조명하고, 일상생활에서 예의바르고 생태적인 식사의 필요성을 제안하였다. 나아가서 그것을 서구 문명 비판과 지구공동체의 차원으로까지 확장시켰다. 그런 의미에서 플럼우드의 먹음/먹힘의 철학은 지구학적 관점을 띠고 있다고 볼 수 있다. 또한 시선을 한국으로 옮기면, 19세기의 동학 스승 해월 최시형의 "하늘이 하늘을 먹는다"[以天食天]는 말은 먹음의 철학, 그리고 경물사상(敬物思想)과 향아설위(向我設位)와 같은 실천철학과도 상통한다.

이러한 문제의식 하에 이 장에서는 플럼우드의 음식(飮食) 철학의 철학적, 종교학적, 지구학적 의미에 주목하면서 '지구학자'로서 플럼우드를 재조명하고, 그것을 동학사상과 대면시키고자 한다.

1.
발 플럼우드의
먹이/죽음론

플럼우드의 문제의식

플럼우드의 학문을 관통하는 문제의식은 서구사상에 뿌리 깊은 인간과 자연의 분리와 인간중심주의 전통의 극복에 있다. 그녀는 인간과 자연을 개념적으로 구분하는 근저에는 마음(mind)과 물질(matter)의 이원론이 있고, 이것은 다시 서양 전통에서 이성과 자연의 구분으로 재정의되었다고 보았다. 가령 생태여성주의(ecofeminist)의 고전으로 평가받는 1992년의 박사논문 「페미니즘과 자연의 지배」(Feminism and the Mastery of Nature)에서는, 이성과 자연의 구분이 역사적으로 어떻게 구성되어 왔으며, 그것이 오늘날 서양 사상의 기본 범주들에 어떻게 영향을 끼쳤는지를 분석했다. 구체적으로는 이러한 이원론적 사고가 자연과 관련된 모든 용어들, 가령 여성, 노동계급, 토착민뿐만 아니라 인간 이외의 세계(other-than-human world)를 열등하게 만드는 가치 위계(value hierarchies)를 발전시켰음을 밝혔다.[1]

---

1   Freya Mathews · Kate Rigby · Deborah Rose, "Introduction," in Val Plumwood, *The Eye*

또한 인간중심주의를 극복하기 위하여, 인간을 생태적 관점에서 재위치시키고 비인간을 윤리적 관점에서 재정위할 것을 주장하였다.[2] 인간이 자연에 대한 지배를 정당화하기 위해 자신들을 자연과 과도하게 분리시켰고, 그로 인해 인간 이외의 영역에 대해 윤리적으로 공감하고 이해하는 능력을 상실했을 뿐만 아니라, 인간 자신에 대한 인식도 그르쳤다고 보았기 때문이다.[3]

플럼우드에 의하면, 자연을 단지 배경으로 인식하고, 인간을 자연 외부에 있는 분리된 존재로 보는 자연관은 자연을 무한한 공급자로 취급하게 된다. 그리고 이와 같이 자연에 대한 인간의 의존을 부정하는 것이야말로 지속 불가능한 자연 이용 방식을 영속시키는 주요 요인에 다름 아니다.[4] 그래서 만약에 인류가 생태 위기에서 살아남지 못한다면 그것은 "지

---

of the Crocodile* edited by Lorraine Shannon, Canberra: ANU E-press, 2012, pp.1-6. 이하, "Val Plumwood, *The Eye of the Crocodile*"로 약칭.

2   They can be summed up as the tasks of (re)situating humans in ecological terms and non-humans in ethical terms. Val Plumwood, *Environmental Culture: The Ecological Crisis of Reason*, London: Routledge, 2002, pp. 8-9. 이하, "Val Plumwood, *Environmental Culture*"로 약칭.

3   To the extent that we hyper-separate ourselves from nature and reduce it conceptually in order to justify domination, we not only lose the ability to empathise and to see the non-human sphere in ethical terms, but also get a false sense of our own character and location that includes an illusory sense of autonomy. Val Plumwood, *Environmental Culture*, p.9.

4   What is involved in the backgrounding of nature is the denial of dependence on biospheric processes, and a view of humans as apart, outside of nature, which is treated as a limitless provider without needs of its own. (⋯) This denial of dependency is a major factor in the perpetuation of the non-sustainable modes of using nature which

구와 함께 살아가는 새로운 방법"을 상상하고 해결하지 못했기 때문이라고 플럼우드는 말한다.[5] 이러한 위기의식에서 플럼우드는 인간의 의미를 재정의하고 지구와의 관계를 상호의존적인 방식으로 재구성할 것을 주장한다. 이것이 플럼우드가 제안하는 생태위기 상황에서의 인간 생존 프로젝트이다.

플럼우드에 따르면, 자연에 대한 억압의 관점을 해결할 수 있는 방안은 인간과 자연이라는 이원론을 무너뜨리고 인간과 자연에 대한 새로운 관점을 제시하는 것이다. 그래서 그녀의 핵심적 과제는 인간을 동물로 보고 생태계에 살고 있는 인간과 자연에 대한 사실적 이해를 근거로 하여 왜곡된 관점을 수정하는 것이다. 그리고 인간중심주의를 무너뜨리기 위한 첫 번째 단계는 생태학적 관점에서, 그리고 역사적-진화론적(historical-evolutionary) 관점에서 자신을 보는 것이라고 주장한다.[6]

이하에서 고찰할 플럼우드의 먹이/죽음론은 '악어와의 만남'을 통해 생태학적 관점에서 그리고 역사적-진화론적 관점 즉 외부의 관점에서 인간을 바라본 결과이기도 하다.

---

loom as such a threat to the future of western society. Val Plumwood, *Feminism and the Mastery of Nature*, London: Routledge, 1993, p. 21.

5   Val Plumwood, *The Eye of the Crocodile*, pp. 3-4.

6   Val Plumwood, *The Eye of the Crocodile*, pp. 16.

악어의 먹이가 되다

1985년, 발 플럼우드가 46세 때에 그녀의 인생을 바꾸는 사건이 일어났다. 호주 카카두 국립공원(Kakadu National Park)에서 혼자 카약을 타던 중에 악어의 '먹이'가 될 뻔한 것이다. 그로부터 10년 뒤인 1995년, 그녀는 당시의 구사일생의 체험을 「인간의 취약함과 먹이가 되는 경험」[7]이라는 글에 소개하였다. 이 극적인 에피소드가 그녀가 죽기 1년 전에 쓴 글에도 나오는 것을 보면, 그녀의 69년의 일생 중에서 3분의 1에 해당하는 시기가 이 사건에 지배되었다고 해도 과언이 아니다(46세~69세, 1985~2008).

그녀에게 있어 악어와의 만남은 하나의 '철학적 사건'이었다. 플럼우드는 이 사건이 자신에게 오래도록 성찰할 수 있는 풍부한 자료를 제공했고, 음식과 죽음에 대한 많은 지적 퍼즐을 제공했다고 고백한 바 있다.[8] 악어와의 대면은 그녀로 하여금 생태학적 맥락에서 인간의 위치와 죽음, 그리고 먹이이자 음식으로서의 인간 존재에 대한 탐구로 이끌었다. 아울러 인간의 문화가 죽음을 다루는 방식, 특히 시체의 중요성을 포함하여 죽음을 처리하는 방식에 대해 사색하는 노력으로 이어졌다. 최근에 일어

---

7   Val Plumwood, "Human vulnerability and the experience of being prey" in *Quadrant*, 39:3, Mar 1995, pp. 29-34. https://www.sas.upenn.edu/~cavitch/pdf-library/Plumwood_Prey.pdf

8   Val Plumwood, *The Eye of the Crocodile*, p. 14.

나고 있는 '녹색죽음'(greening death) 운동 역시 플럼우드의 영향에 의한 것이다.[9]

플럼우드의 이 사건은 2015년에 유정원에 의해 한글로 번역되었다. 그 일부를 소개하면 다음과 같다.

> 금시초문의 일이 벌어졌다. 카누가 공격을 받은 것이다! 악어는 처음부터 나를 순전히 먹이로 보고 다가왔다. … (악어의) 아름다운 반점이 찍혀 있는 금빛 눈이 곧장 나를 쏘아봤다. 나는 … 팔을 휘두르며 "저리가!"라고 소리쳤다. … 악어는 붉고 뜨거운 다리들로 내 몸을 잡아채서 질식할 듯 축축한 암흑 속으로 휘몰아 끌어당겼다. … 내가 모든 게 끝났다고 생각했을 때 갑자기 멈췄다. 내 발이 강바닥에 닿았고, 수면 위로 머리가 떠올라 기침이 터져 나왔다.[10]

> 음식에 대한 우리의 개념을 근본적으로 수정하자. 우리 자신을 타자들을 위한 음식이라고 생각하는 것이야말로 우리 자신을 생태적 관점에서 다시 상상하고 다른 동물들과의 연대를 확인하는 가장 기본적인 방법이다.[11]

9   Suzanne Kelly, *Greening Death: Reclaiming Burial Practices and Restoring Our Tie to the Earth*, Lanham, MD: Rowman & Littlefield, 2015.

10   발 플럼우드 · 유정원, 「악어의 먹이」, 『맘울림』 38, 2015, 75-77쪽.

11   Val Plumwood, *The Eye of the Crocodile*, p. 18.

우리는 평소에 육식을 하면서 동물을 '먹이'로만 생각할 뿐, 인간이 동물의 먹이가 될 수 있다는 생각은 하지 못한다. 즉 포식자(捕食者)일 수는 있어도 피식자(被食者)일 수는 없다고 생각한다. 그런데 플럼우드는 악어와의 조우를 통해 "인간도 동물을 위한 먹이"가 될 수 있음을 깨달았다. 인간이 "포식자인 동시에 피식자"[12]임을 자각한 것이다. 그리고 그것이 자연의 먹이사슬의 원리이고, 먹이야말로 "인간과 자연을 이어주는 중요한 매개체"[13]임을 알게 되었다. 이러한 관점에서 보면 먹음은 단순히 영양소를 섭취하는 행위가 아니다. 그것은 자연과 인간이 교류하는 주요한 방식 중의 하나이다.

플럼우드는 "인간이 동물의 먹이가 될 수 있다는 생각"을 하지 못한 이유를 인간과 자연을 분리하는 서구적 전통에서 찾고 있다. 그녀는 서구의 종교와 철학은 오랫동안 인간을 동물 및 자연과 구별되는 존재로 인식해 왔다고 비판한다. 그리고 그로 인해 동물과 자연 질서에 인간을 포함시키는 것을 가로막았다고 지적한다. 이러한 인간중심주의 문화는 인간을 다른 동물과 나란히 먹이사슬에 위치지우는 것을 거부하고, 결과적으로 인간의 포식자들을 제거시키게 된다. 이것이 플럼우드가 파악한 생

---

12 "우리는 우리가 먹는 음식이기도 하지만, 그 음식이 먹는 음식이기도 하다"는 (마이클) 폴란의 말에서 알 수 있듯이, 이 순환고리형 음식 사슬에서 우리는 포식자인 동시에 피식자이다. 김원중·한진경, 「음식은 세상의 몸」, 『문학과 환경』 13:1, 2014, 63쪽.

13 마이클 폴란은 『잡식동물의 딜레마』(The Omnivore's Dilemma, 2006)에서 섭생은 인간과 자연을 이어주는 영적인 행위이고, 음식은 자연과 인간을 이어주는 중요한 매개체라고 역설하였다. 김원중·한진경, 위의 논문, 62쪽.

태 위기의 주요 요인이다.

인간을 생태학적으로 재정위해야 한다는 플럼우드의 주장은 인간을 생태학적 관점, 역사적·진화적 관점에서 조명해야 한다는 의미로, 달리 말하면 인간을 먹이사슬의 구조 속에 재위치시켜야 한다는 것이다. 그녀에게 악어의 눈은 인간을 동물과 구별되는 특별한 존재로 이해하는 관점을 무너뜨리고, 우리 자신을 생태학적으로 바라볼 수 있는 쪽으로 관점을 작동시켰다.[14] 악어의 관점은 인간에 대한 비판적 시각을 제공하였고, 인간이 먹이사슬 상단에 위치하는 우월한 종(species)이라는 인식을 붕괴시켰다. 그리고 인간이 다른 동물의 음식이 될 수 있다는 사실을 깨닫게 하는 계기가 되었다.

더 나아가서 피식자(被食者)가 될 뻔한 경험은 플럼우드로 하여금 인간의 죽음과 근대 문명에 대해 근본적으로 다시 생각하게 하였다. 그 결과 "인간이 타자의 음식이 될 수 있다"는 관점에 대한 부정은 시체의 매장 풍습에 반영되어 있다는 사실을 깨닫게 되었다.

나는 서구의 인간 우월주의 문화가 인간을 동물과 동일한 먹이사슬에 두는 것을 강하게 부정한다는 사실을 알게 되었다. 우리 자신이 다른 동물을 위한 먹이임을 부정하는 것은, 인간의 죽음과 장례 풍습에 많이 나타나 있다. 관례상 튼튼한 관은 토양 동물들이 활동하는 표층보다 한

---

14   Val Plumwood, *The Eye of the Crocodile*, pp.15-17.

참 아래에 묻었고, 무덤을 덮은 석판은 다른 동물들이 시신을 파내지 못하게 하기 위한 것이었다. 이것은 서구인이 시신을 다른 동물 종들의 먹이가 되지 않도록 지키는 방식이다.[15]

이에 의하면, 서구의 매장 문화에는 인간이 피식자로 전락되는 것을 막고자 하는 욕망이 감춰져 있다. 그러나 그것은 지구학적 관점에서 보면, 모든 존재가 서로 연결되어 있다고 하는 지구시스템의 원리를 거부하고, 인간을 자연으로부터 분리시키고자 하는 행위에 다름 아니다.

인간이 먹이사슬 밖과 그 너머에 있다는 사실은, 인간을 상호 의존하는 먹이사슬의 일부가 아니라 그 사슬의 주인이자 외부 조정자로 보게 한다. 동물들은 인간의 먹이가 될 수 있지만, 우리 인간은 결코 동물들의 먹이가 될 수 없다.[16]

확실히 인간은 살아 있을 동안에는 포식자의 지위를 누리지만, 죽어서 썩게 되면 자연의 먹이가 될 수밖에 없다. 미생물의 분해 활동이 인간의 시체에 들어 있는 영양분을 자연에 되돌려 주기 때문이다.[17] 그래서 죽는

---

15 발 플럼우드 · 유정연, 「악어의 먹이」, 82쪽.

16 발 플럼우드 · 유정연, 「악어의 먹이」, 82쪽.

17 어니스트 칼렌바크, 『생태학 개념어 사전』, 노태복 옮김, 에코리브르, 2009, 68쪽, "먹이 그물" 조항.

다는 것은 미생물의 먹이가 되는 것을 의미한다. 먹는 것은 죽이는 행위를 동반하지만, 다른 생명의 번성을 가져오는 일이기도 하다. 그래서 생태학적으로 보면 모든 존재는 다른 존재의 음식이 된다. 이것이 자연계의 순환시스템이다.

그런데 플럼우드에 의하면 인간의 문화는 이러한 순환의 먹이사슬을 인위적으로 거부한다. 그것이 바로 장례 문화다. '튼튼한 관'과 '무덤을 덮은 석판'은 벌레나 동물들로부터 시체를 보호하기 위한 인위적 장치이다. 그녀는 이러한 장례 풍습을 인간이 자연에게 배은(背恩)하는 것이라고 보았다. 즉 대지와 벌레로부터 받은 것을 되돌려주기를 거부하는 행위라는 것이다. 우리를 길러준 지구의 타자들(earth others)을 양육하기보다는, 육체가 없는 비지구적 영역(non-earthly realm)으로 떠나는 것이 서양의 장례 문화이다. 하지만 자연계의 순환시스템에서 보면, 죽음은 생명공동체(a community of life)를 양육하고 공유하기 위한 장소이다.[18]

이와 같이 플럼우드는 악어와의 조우라는 사건을 통해 서구의 인간 중심 '문화'가 먹이 순환이라는 '자연'을 의도적으로 은폐해 왔음을 깨달았다. 그리고 이것을 '인간예외주의'(Human exceptionalism)라고 명명하였다.[19] 인간을 먹이사슬 체계에서 '예외적' 존재로 간주한다는 것이다. 그것은 달리 말하면, 인간을 지구로부터 분리시키고 소외시키는 것을 의미

---

18   Val Plumwood, *The Eye of the Crocodile*, p.19.

19   Val Plumwood, "Tasteless: Towards a Food-Based Approach to Death," *Environmental Values* 17 (2008), p. 324. 이하, 'Val Plumwood, Tasteless'로 약칭.

한다(alienation from the earth).[20]

지구공동체 모델

이상의 통찰을 바탕으로 플럼우드는 죽기 1년 전에 남긴 에세이 「무미: 음식을 기반으로 한 죽음 이해」(Tasteless: Towards a Food-Based Approach to Death)에서, 토착민들의 애니미스트적 세계관에 공감하면서, 죽음을 음식(food)의 차원에서 해석하고 생사(生死)를 '지구'(earth)의 관점에서 조망하였다.

> 우리는 모두 음식이다. 죽음을 통해서 다른 존재를 길러 준다.[21]
>
> (We are all food, and through death nourish others.)

생명을 순환 속에서 이해하고 조상공동체로부터 물려받은 선물로 이해함으로써, 우리는 죽음을 되돌아가는 것, 다시 말하면 기원들의 생태공동체이자 조상공동체로 흘러 들어가는 것이라고 볼 수 있다. … 죽음은 생명을 길러 주는 대지로의 되돌아감이다. … 지구공동체 모델에서는 생명은 책과 같다. 그러나 그 책은 당신이 사거나 소유하는 것이 아니다.

---

20   Val Plumwood, "Tasteless," p. 325.

21   Val Plumwood, "Tasteless," p. 323.

그것은 지구공동체라는 순환도서관으로부터 빌린 것이다. 도서관의 책처럼 당신은 생명을 잠시 동안만 소유할 수 있을 뿐이다.[22]

인간은 살아 있을 때는 음식을 먹어서 생명을 유지하지만, 죽은 뒤에는 다른 생명체의 음식이 되어 그것들을 길러 준다. 다시 말하면 음식으로 길러지고 음식으로 길러준다. 그래서 플럼우드는 "인간은 음식에 다름 아니다"라고 말한 것이다. 음식을 생명의 관점에서 접근하는 것은 일반적이지만, 플럼우드처럼 죽음의 관점에서 이해하는 것은 흔치 않다. 그 이유는 대개 인간을 포식자로만 보기 때문이다. 그러나 인간이 피식자가 될 수 있다는 사실을 인정하면 음식의 관점에서 죽음을 이해하는 것이 가능해진다. 그래서 삶과 죽음은 먹고 먹히는 순환 활동으로 이해된다. 플럼우드는 악어와의 조우를 통해 죽음을 간접적으로 체험했기 때문에, 그리고 그 체험이 자연사가 아닌 먹이가 되는 체험이었기 때문에 이런 생각에 이르게 된 것이다.

플럼우드는 우리가 살고 있는 지구는 이러한 '순환' 원리에 의해 작동되는 하나의 공동체라고 생각한다. 즉 먹고 먹히고, 먹이를 주고받는 순

---

22 By understanding life as in circulation, as a gift from a community of ancestors, we can see death as recycling, a flowing on into an ecological and ancestral community of origins. (⋯) death is a return to the (highly narrativised) land (⋯). As I see it now, on the earth community model, life is like a book, but not the kind of book you can own or buy. It's much more like a library book. You don't own it - it's borrowed from the earth community circulating library. Like a library book, you can only have it for so long. Val Plumwood, "Tasteless," p.325.

환 과정에 의해 지구 전체의 살림이 유지된다는 것이다. 이것을 그녀는 '지구공동체 모델'(earth community model)이라고 부른다. 그리고 인간도 이 모델에서 예외일 수 없다고 본다. 이 모델의 관점에서 보면 인간의 생명이란 지구공동체로부터 잠시 빌린 대출도서에 지나지 않는다. 그 소유권은 자신이 아닌 지구에 있다. 그래서 생명은 일정한 시간이 되면 지구에 반납하지 않으면 안 된다.

그런데 서구의 근대 문명은 인간을 지구공동체의 예외적 존재로 간주하고(인간예외주의) 지구공동체의 순환 고리로부터 끊음으로써, 지구소외와 환경파괴를 초래했다는 것이다. 여기에서 우리는 인간에 대한 두 가지 관점이 대립됨을 엿볼 수 있다. 하나는 지구적 관점이고, 다른 하나는 예외적 관점이다. 플럼우드에 의하면, 지구적 관점은 생태주의적 관점이고, 예외적 관점은 그리스도교나 서구 근대적 관점이다.

이상의 플럼우드의 논의는 순환을 원리로 하는 지구공동체 모델을 제시하고, 인간을 그 공동체의 일원으로 자리매김하며, 먹음이라는 행위와 죽음이라는 사건을 그 모델 안에서 이해하고 있다는 점에서, 토마스 베리의 개념을 빌리면 '지구학자'적인 관점을 취하고 있다. 바로 여기에 환경철학자나 생태철학자를 넘어서 지구학자로서 플럼우드를 자리매김할 수 있는 가능성이 있다.

제1장과 제3장에서 소개하였듯이, 토마스 베리의 『지구의 꿈』(1988)에는 플럼우드가 사용한 '지구공동체'(Earth Community) 개념이 이미 나오고 있다. 이 개념은 『위대한 과업』(2000)과 같은 베리의 이후의 저서에도 지속적으로 등장하는데, 인간이 만물을 친족으로 여기면서 인간과 자연이

서로에게 이익을 주는 공생 관계를 맺어야 한다는 의미를 담고 있다. 지구에 살고 있는 어떤 생명체도 자기 혼자만으로는 먹고 살지 못하고, 생존에 필요한 영양과 자원을 다른 생명체들에게 의존하고 있기 때문이다. 그래서 토마스 베리 역시 포식자-희생자 관계를 통해 지구공동체론을 설파한다. 구체적으로는 다음과 같다.

> 그 어떤 생명체도 스스로 먹고 살지 못한다. 지구공동체 각각의 구성원은 생존에 필요한 영양과 지원을 공동체의 다른 구성원들에게 직접적으로나 간접적으로 의존하고 있다. 포식자-희생자 관계들을 포함하여 이런 상호적 영양 관계는 지구의 각 구성원들이 전체 존재 공동체 안에서 가지는 역할의 필수불가결한 부분이다.[23]

베리뿐만 아니라 지구생물학자인 린 마굴리스(1938~2011)도 『공생자 행성』(Symbiotic Planet, 1998)에서 지구를 '공생자들의 행성,' 서로 다투고 먹고 짝짓기하고 배설하는 조 단위의 생물들이 모여서 이루어진 행성 생명의 총합으로 정의한다. 지구에 사는 유기체들은 다른 유기체가 배출한 폐기물을 먹으면서 공생하기 때문이다. 가령 시아노박테리아는 물을 분해하여 수소 원자를 떼어내고 산소를 폐기물로 배출하는데, 그 시아노박

---

23 토마스 베리, 『황혼의 사색』, 127쪽.

테리아의 폐기물이 우리에게 신선한 공기를 제공한다.[24]

린 마굴리스는 이러한 공생 시스템을 제임스 러브록의 '가이아'(Gaia) 개념을 빌려서 설명한다. 가이아 시스템의 특징은 폐기물과 먹이의 구분이 없다는 점이다. 그래야 지구적 규모에서 물질이 순환될(recycle) 수 있기 때문이다.[25] 만약에 다른 유기체의 폐기물이라고 해서 먹지 않는다면 가이아 시스템은 작동될 수 없다. 이처럼 마굴리스가 말하는 가이아 시스템은 먹음에 의한 순환 활동으로 지구시스템을 설명하고 있다는 점에서 플럼우드가 말한 지구공동체 모델, 더 나아가서는 자연을 공동행위자(co-actor)이자 공동참여자(co-participant), 즉 능동적인 협력적 존재로 파악해야 한다는 주장과 상통한다.[26]

음식의 제사적 의미

플럼우드와 같이 자연과 만물을 지구적 관점이나 먹이 순환의 관점에서 본다면, 그것들을 단지 인간을 위한 도구로만 생각할 수는 없을 것이

---

24 One organism's waste is another's food. 린 마굴리스, 『공생자 행성』, 이한음 옮김, 사이언스북스, 2020, 210-214쪽. 이하, '린 마굴리스, 『공생자 행성』'으로 약칭.

25 린 마굴리스, 『공생자 행성』, 210쪽.

26 the reconception of nature in agentic terms as a co-actor and co-participant in the world is perhaps the most important aspect of moving to an alternative ethical framework. Val Plumwood, "The Concept of a Cultural Landscape: Nature, Culture and Agency in the Land" in *Ethics and the Environment*, 11:2, 2006, pp.130.

다. 그래서 플럼우드는 악어 사건을 계기로 육식을 끊게 되었다고 고백한다. 그 이유는 육식 자체를 반대하기 때문이 아니라, 동물을 단지 인간을 위한 먹이로만 간주하는 인간의 태도에 반대하기 때문이다.

> 우리는 매일 수십 억 마리의 동물을 소비하지만, 벌레의 음식이 될 수 없고, 마땅히 악어의 먹이일 수도 없다. 이것이 우리가 오늘날 그토록 동물들을 비인간적 방식으로 인간 식량으로 가공하는 이유 중의 하나다. … 복잡한 인간 존재가 고깃덩어리에 불과하다는 것은 충격적인 몰락이었다. 나는 인간뿐 아니라 모든 피조물이 음식 이상의 존재라고 확신하고 있었다. 우리는 먹힐 수 있지만 먹히는 존재 이상이다. 예의 바르고 생태적인 식사는 이 두 가지를 모두 염두에 두어야 한다. 나는 악어와 만난 순간부터 채식주의자가 되었고 오늘까지도 그렇다. 이것은 내가 육식을 악하고 부도덕한 일이라고 생각하기 때문이 아니라, 동물을 살아 있는 고기로 취급하는 공장식 사육 체계에 반대하기 때문이다.[27]

여기에서 플럼우드는 만물은 "음식 이상의 존재"라고 말하고 있다. 동물을 단지 먹이로만 대하는 것에 대한 거부감을 표현하고 있는 것이다. 왜냐하면 인간을 포함한 만물이 생태학적으로 먹이사슬에 참여해

---

27 발 플럼우드 · 유정연, 「악어의 먹이」, 83쪽.

야 한다는 사실은 인정하지만, 동물이 고기(meat)로 환원되는 존재론은 부정하고 있기 때문이다. 여기서 그녀는 인간이든 비인간(nonhuman)이든 고기로 환원되어서는 안 된다고 하는 '생태적 동물주의'(Ecological Animalism)를 주장한다.[28] 동물을 살아 있는 고기로 환원하는 태도를 비판하는 것이다. 고기로 환원하는 태도는 동물의 생명과 종의 존재를 존중하지 않는 태도이기 때문이다. 이것이 그녀가 공장식 축산을 비판하는 이유이다. 따라서 플럼우드의 생태적 동물주의는 모든 존재는 음식이면서 동시에 음식 이상의 존재라는 인식에 근거하고 있음을 알 수 있다.[29]

플럼우드는 한 걸음 더 나아가서 윤리적인 식사(ethical eating)의 중요성을 주장한다. 모든 생명은 윤리적 측면에서 존중받을 가치가 있기 때문에 생명에 대한 존경의 태도가 동반되어야 한다는 것이다.[30] 이와 같이 플럼우드는 인간의 먹는 행위로부터 '동물은 음식 이상의 존재'라고 하는 존재론과 '윤리적 식사의 필요성'이라고 하는 윤리론을 도출해 내고 있다. 악어와의 조우가 동물과 식사를 대하는 그녀의 태도를 바꾸게 한 것이다.

플럼우드의 회심은 먹음이라는 행위에는 윤리적이고 종교적인 태도가 동반되어야 함을 말해준다. 자신의 생명을 유지하기 위해 다른 생명을

---

28 Val Plumwood, *The Eye of the Crocodile*, p.89.

29 all embodied beings are food and more than food, that is, with an ecological ontology. Val Plumwood, *The Eye of the Crocodile*, p.89.

30 Val Plumwood, *The Eye of the Crocodile*, p.155: p.259.

먹어야 한다는 실상은 지구적 관점에서는 생태적 논리이지만, 생명의 희생을 전제한다는 점에서 종교적 의미를 띨 수밖에 없기 때문이다. 그래서 먹음은 단순한 생태학이 아니라, 이준모의 표현을 빌리면, '제사론적 생태학'이 된다.[31]

생태신학자 이준모는 제사론적 생태학을 서로 상반되는 두 계기의 통일에서 찾는다. 하나는 다른 생명을 먹어서는 안 된다는 '죄'이고, 다른 하나는 그럼에도 불구하고 생명을 먹도록 허락하는 '용서'이다. 제사라는 의례는, 원래는 생명을 먹어서는 안 되지만 먹지 않을 수밖에 없는 생명의 실상 앞에서 먹어도 된다는 용서를 구하는 행위이다.[32] 그리고 인간의 먹음의 행위는 다른 생명의 희생이 전제되어 있기 때문에 성스러운 행위로 간주된다.

그리스도교, 특히 가톨릭의 핵심 의례 중의 하나는 성찬례이다. 성찬례는 예수가 최후의 만찬에서 자신의 몸과 피를 사람들이 먹고 마실 수 있도록 내어놓은 사건에서 비롯된 의례이다. 그래서 성찬례는 예수의 몸과 피, 즉 빵과 포도주를 함께 나누는 식사의 자리이다. 여기에서 예수가 자신의 살과 피를 빵과 포도주로 통일시키고 인간들에게 내어 놓았다는 점에 주목할 필요가 있다. 예수는 스스로 빵과 포도주라는 음식이 되어 자기 자신을 인간에게 내어놓은 것이다. 이는 먹음이라는 행위가 "생명

---

31 이준모, 『종교생태학』, 문사철, 2012, 29-30쪽.
32 이준모, 위의 책, 42쪽.

이 생명을 먹는," 즉 "타자의 생명을 희생시킴으로써 자신의 생명을 얻는 생태적 행위"임을 상징하고 있다.

또한 성찬례 예물 준비 과정에서 사제가 드리는 기도문 중에 "저희가 땅을 일구어 얻은 이 빵"(fruit of the Earth and the work of human hands), "저희가 포도를 가꾸어 얻은 이 술"(fruit of the wine and the work of human hands)이라는 표현이 있다. 여기에서 빵과 포도주는 자연과 인간의 협동 노동의 결과를 상징한다(「미사통상문」). 빵과 포도주는 땅, 태양, 비, 적절한 기온 등에 의존한다. 즉 땅의 노동, 태양의 노동, 식물의 노동과 같은 자연의 노동이 필요하다. 여기에 곡식과 포도를 재배하는 인간의 노동이 더해진다.[33] 이처럼 빵과 포도주가 만들어지기 위해서는 자연과 인간의 협동이 필수적이다.

이처럼 성찬례의 빵과 포도주는 자연의 선물일 뿐만 아니라 모든 존재들이 서로 연결되어 있다는 생태적 사실을 상기시켜 준다. 빵과 포도주는 자연의 노동과 인간의 노동의 협업의 산물이자 지구공동체의 상호 협력의 결과라는 점에서, 성찬례는 하나의 생태적인 성사(聖事, sacrament)가 된다. 그래서 생태신학자 노만 워즈바(Norman Wirzba)는 "음식은 우리를 지구와 이웃, 피조물과 사랑하는 이들과 손님들, 그리고 궁극적으로

---

33 이준모는 자연과 인간의 신진 대사의 방법을 농업과 공업이라는 두 가지 다른 활동으로 설명한다. 농업이 식물의 생명을 길러 그 열매를 획득하는 노동 양식이라면, 공업은 인간의 생명을 사용하여 자연의 비생명적 에너지를 인간의 생명을 위해 봉사하도록 조작하는 노동 양식이다. 이준모, 『생태노동』, 문사철, 2012, 15쪽.

하느님과 연결해주는 관계"라고 강조하였다.[34]

한편 농부 시인이자 철학자인 웬델 베리(Wendell Berry)는 생명이 생명을 먹는 것, 즉 먹음의 행위를 '성례'(聖禮)로 인식하였다.

> 우리는 다른 창조물에 의존하고 그들의 죽음으로 생존한다. 살기 위해 우리는 매일 몸을 쪼개고 창조물의 피를 흘려야 한다. 우리가 이것을 알고, 사랑스럽게, 능숙하게, 경건하게 할 때 그것은 성찬(sacrament)이다. 그러나 우리가 무지하게 탐욕스럽게 서투르게 파괴적으로 한다면 그것은 신성모독이다.[35]

여기에서 웬델 베리는 음식을 예수가 자신의 몸을 쪼개어 나눠준 것으로 이해하고 있다. 그래서 먹는 행위는 성례가 된다고 말한다. 기독교 철학자 베아트리체 브루토(Beatrice Bruteau) 역시 지구는 상호 먹임(mutual feeding), '자기 내어줌'이라는 측면에서 성찬례 성격을 띠고 있다고 하였다. 그리고 이것을 '성찬례적 행성'(Eucharistic Planet)으로 개념화하였다.[36]

---

34   유경동, 「음식 윤리와 종교적 관점」, 『신학사상』 186, 2019, 210쪽.; Norman Wirzba, *Food and Faith: A Theology of Eating*, Cambridge: Cambridge University Press, 2011, p.4.

35   Wendell Berry, *The Art of the Commonplace: The Agrarian Essays of Wendell Berry* edited by Norman Wirzba, Washington, DC: Counterpoint, 2002, p.304.

36   Beatrice Bruteau, "Eucharistic ecology and ecological spirituality," *Cross Currents* 40:4 1990, p. 501.

브루토는 '자기 내어줌'이라는 먹힘의 생태적 실상을 통해 지구를 성찬례의 차원으로 해석했다. 여기에서 우리는 성찬례를 제사론적 생태학으로 읽을 수 있는 단초를 발견하게 된다.

지금까지 먹이를 둘러싼 생태학적이면서 종교학적인 의미에 대해서 살펴보았다. 그런데 이와 유사한 생각은 흥미롭게도 플럼우드보다 1세기 전에 한국철학에서도 발견할 수 있다. 동학의 제2대 지도자 해월 최시형의 "하늘이 하늘을 먹는다"[以天食天]는 설법과 경물사상(敬物思想) 그리고 식고(食告) 의례가 그것이다.

2.
해월 최시형의
식천/제천론

19세기의 동학사상가 해월 최시형도 먹음의 의미를 생태적·제사적 차원에서 이해하였다. 이에 대해서는 2012년이 나온 황종원의 선구적인 논문 「최시형 '식(食)' 사상의 종교생태학적 의의」(『신종교연구』 26)에서 상세하게 밝히고 있다. 황종원에 의하면, 해월 철학에서 천지(天地)는 자신의 생명을 내어주어 인간을 먹여 살리는 부모와 같은 존재이고, 그래서 '하늘님'이라고도 불리는데, 인간이 먹는 행위는 하늘님이 허락한, 천지와 교감하는 성스러운 행위이며, 이에 대한 감사와 보답의 마음으로 동학에서는 식고(食告) 의례를 지낸다고 하였다. 또한 자기희생을 하여 만물을 길러주는 천지의 모습은 역사적으로 희생당해 온 백성, 여성, 어린이의 모습과 겹치며, 따라서 해월이 말하는 경인(敬人)과 경물(敬物)의 주된 대상은 바로 이들이라고 보았다. 이하에서는 이 선행연구를 발판 삼아서, 해월의 먹음의 철학에 담긴 지구학과 종교학적 의미를 플럼우드와 비교하는 방식으로 고찰하고자 한다.

플럼우드가 '먹힘'에 초점을 맞춰서 인간을 생태적 존재로 자리매김했다면, 해월은 '먹음'에 초점을 맞춰서 인간을 생태적 관점에서 이해하였다. 이러한 인간관은 종래에 유학에서 인간을 윤리적 관점에서 이해한 것과는 대조적이다. 유학에서는 인간만이 도덕감정[四端]이 발현될 수 있다고 하여, 인간을 동물과 확연하게 구분하는 입장을 취했기 때문에, 인간과 동물의 상호 얽힘의 관계에 대한 언급은 많지 않다. 따라서 인간이 비인간에 의존해 있다는 인간관도 두드러지지 않는다. 반면에 해월은 먹음의 문제를 중심으로, 인간과 인간, 인간과 만물, 만물과 만물 사이의 상호의존성을 지적하면서, 인간과 만물을 생태적 관점에서 자리매김하였다.

최시형의 식천론(食天論)

먹음에 대한 해월의 철학적 사유는 그가 말년에 설파한 '이천식천' 설법에 응축되어 있다. '이천식천'이란 "하늘이 하늘을 먹는다"는 말로, 여기에서는 줄여서 '식천론'이라고 부르고자 한다. 해월의 식천론의 첫머리는 다음과 같이 시작되고 있다.

> 내 항상 말할 때에 물물천(物物天)이요 사사천(事事天)이라 하였나니, 만약 이 이치를 시인한다면 물물(物物)이 다 이천식천(以天食天)이 아님이 없을지니….[37]

여기에서 해월은 인간이 음식을 먹는 행위를 '이천식천(以天食天)', 즉 "하늘이 하늘을 먹는다"로 설명하고 있다. 그 이유는 해월이 "만물은 모

---

37 『해월신사법설』「이천식천(以天食天)」, 196쪽.

두 하늘님을 모시고 있다"는 만물시천주적 존재론을 취하고 있기 때문이다.[38] 이후에 천도교 사상가 이돈화(1884~1950)는 이것을 "物(물)을 食(식)함을 天(천)을 食(식)함으로 안다"[39]라고 하였다.

여기에서 만물의 다른 표현인 '천(天)=하늘'은 음식이 단순한 고기나 요리가 아님을 말해준다. 그 이유는 누군가의 먹이가 된다는 것은 자신을 내어줌으로써 상대방을 길러주는 성스러운 행위라고 보기 때문이다.[40] 플럼우드의 표현을 빌리면, 그것은 "죽음을 통해서 다른 존재를 길러주기" 때문에 "음식 이상의 존재"이다. 그래서 해월은 먹는 행위를 "하늘이 하늘을 기른다"고도 말하였다.

> 사람이 기(氣)를 마시고 물(物)을 먹는 것은 하늘이 하늘을 기르는 까닭이다.[41]

"하늘이 하늘을 기른다"는 말은 사자성어로 하면 '이천양천'(以天養天)이 된다. 해월이 말하는 '이천식천'과 '이천양천'은 모든 생명체가 생명의 그물망과 생명 순환의 이치, 즉 먹이사슬 속에 있음을 말한다. 해월은 이

---

38   萬物莫非侍天主也.『해월신사법설』「대인접물(待人接物)」, 154쪽.

39   이돈화,『천도교창건사』, 천도교중앙종리원, 1933, 18쪽.

40   황종원,「최시형 '식(食)' 사상의 종교생태학적 의의」,『신종교연구』 26, 2012, 123쪽.

41   人이 氣를 吸하고 物을 食함은 是 天으로써 天을 養하는 所以니라.『해월신사법설』「기타」, 223쪽.

러한 이치를 전통적인 '기화'(氣化) 개념을 사용하여, 만물이 서로의 성장 발전을 도모하는 '이질적 기화'라고도 표현한다. 다른 생명의 희생을 통한 자기 생명의 존속을 단순한 약육강식으로 이해하는 것이 아니라, 만물을 키우는 생명 에너지의 전환 작용, 즉 '기화'로 보기 때문이다.

이러한 관점에서 먹음을 이해하는 것을 해월은 '하늘 전체의 관점'이라고 말하고 있다.

> 이천식천(以天食天)은 어찌 보면 이치에 부합하지 않는 것 같지만, 이것은 인심(人心)의 편견으로 보는 말이요, 만일 하늘 전체로 본다면 하늘이 하늘 전체를 키우기 위하여 동질이 된 자는 상호부조로써 서로 '기화'(氣化)를 이루게 하고, 이질이 된 자는 이천식천(以天食天)으로 서로 '기화'를 통하게 하는 것이니, 하늘은 일면에서는 동질적 기화로 종속(種屬)을 기르고, 일면에서는 이질적 기화로 종속과 종속의 연대적 성장발전을 도모하는 것이니, 총괄해서 말하면 이천식천(以天食天)은 곧 하늘의 기화작용으로 볼 수 있는데….[42]

여기에서 '하늘 전체'는 개별적인 하늘들을 포괄하는 전체적인 관점을 말한다. 달리 말하면 천지(天地)의 시점을 말한다. 천지의 시점에서 보면, 먹음과 먹힘은 만물이 만물을 길러주는 상호부조의 행위에 다름 아니다.

---

42 『해월신사법설』「이천식천(以天食天)」, 197쪽.

따라서 천지는 만물이 거주하는 하나의 공동체에 다름 아닌 셈이다. 따라서 '하늘 전체로 본다면'은 토마스 베리나 플럼우드 식으로 말하면 '지구공동체적 시점'에 다름 아니다.

반면에 이것과 반대되는 '인심의 편견'은 하늘 전체, 즉 지구 전체가 아닌 그것의 일부분이나 '인간 중심적으로 보는 시점'을 말한다. 이와 같은 편협한 시점에서 보면 먹음과 먹힘의 관계는 약육강식과 같은 일방적 행위로만 보일 것이다. 또는 인간은 피식자가 아닌 포식자의 존재로만 인식될 것이다.

최시형의 경물론(敬物論)

이처럼 해월에게 있어서 먹는 행위는 단순히 양분을 섭취하는 건강의 차원에만 머물지 않는다. 그것은 하늘이 하늘을 먹는 신성성까지 겸하고 있기 때문이다. 그래서 하늘이 하늘을 먹는 행위[以天食天]는 하늘이 하늘을 섬기는 태도[以天奉天][43]로 이어진다. 이 태도는 해월의 다른 언어로 표현하면 '경물'(敬物)이라고 할 수 있다.

> 셋째는 경물(敬物)이니 사람은 사람을 공경함으로써 도덕의 극치가 되지 못하고, 나아가서 물(物)을 공경함에까지 이르러야 천지기화(天地氣

43　以心治心, 以氣治氣, 以氣食氣, 以天食天, 以天奉天. 『해월신사법설』「영부주문」, 156쪽.

化)의 덕(德)에 합일될 수 있나니라.[44]

여기에서 경(敬)은 자신을 내주어 다른 생명을 먹여 살리는 존재, 즉 하늘(天)을 대하는 경건한 태도를 말한다. 이처럼 경물을 해야 하는 이유를 해월은 그렇게 해야 "천지기화의 덕에 합일되기 때문"이라고 말한다. 여기에서 "천지기화의 덕에 합일된다"는 것은 플럼우드의 표현을 빌리면, "지구공동체의 순환의 원리에 합일된다"로 바꿔 말할 수 있다. 즉 사람이 만물의 도움을 받아 살아가고 있다는 원리를 자각하고, 그것을 실천하는 삶을 말한다.

해월은 이러한 경물 행위를 '도덕'이라고 표현한다. 그리고 경물에 이르러야 도덕이 완성된다고 말한다("도덕의 극치"). 이것은 기존의 윤리의 범위를 만물의 차원으로까지 확장한 것이다. 해월 이후에 이돈화는 이것을 '님' 개념으로 표현하였다. 그는 옛 고승이 음식물에 '님'이라는 존칭어를 붙이는 예를 소개하고 있다.

옛날 어떤 고덕(高德)한 도승(道僧)이 음식을 먹을 때나 자연물을 먹을 때에 꼭 '님'이라는 존경사를 썼다 한다. 그 까닭은 사람의 육체는 자연을 떠나 기를 수 없으므로 자연은 곧 사람에게 양부모(養父母)이 지위를 가졌기 때문이라는 전설을 들은 일이 있거니와, 기실 자연과 사람은 한

---

44 『해월신사법설』「삼경」, 194쪽.

시도 떨어져 있을 수 없는 동시에 자연은 진화상 의미에서 인간을 발생한 시조이다.[45]

여기에서 이돈화는 인간은 자연에 의해 길러지기 때문에 "자연은 양부모이다"라고 말하고 있는데, 이것은 최시형이 "천지가 인간의 부모이다"고 한 '천지부모' 설법을[46] 현대적으로 표현한 것에 다름 아니다. 또한 "자연과 사람은 한시도 떠날 수 없다"는 말은 최시형이 말한 "하늘은 사람에 의지하고, 사람은 먹거리에 의지한다," "사람과 하늘은 잠시도 떠날 수 없다"는 말에 상응된다.[47]

한편 위에서 인용한 「경물」 편에서 해월은 경물의 행위를 "천지기화의 덕에 합일된다"고 말하였는데, 이것은 달리 말하면 '천지도덕'(天地道德)이라고 할 수 있다. 천도교 사상가 이돈화의 표현을 빌리면 '자연도덕'에 해당하고[48] 지금으로 말하면 일종의 '포스트휴먼 윤리'를 주창한 것이라고 볼 수 있다.[49] 천지도덕은 동학의 창시자 수운 최제우가 주창한 천

---

45   이돈화, 『신인철학』, 천도교중앙총부, 1968(초판은 1931), 204쪽.

46   『해월신사법설』 「천지부모」, 131쪽.

47   人不離天, 天不離人. … 天依人, 人依食. 『해월신사법설』 「천지부모」, 134쪽.

48   이돈화, 『신인철학』, 175쪽.

49   이에 대해서는 Cho Sŏng-hwan, "The Philosophical Turn in Tonghak: Focusing on the Extension of Ethics of Ch'oe Sihyŏng" in *Journal of Korean Religions*, 13:1, April 2022, pp. 37-41 참조.

도(天道)와 천덕(天德)을[50] 동아시아의 '천지론'의 관점에서 해월 나름대로 재해석한 것으로 평가할 수 있다.[51]

최시형의 제천론(祭天論)

해월의 식천론에 의하면, 우리가 매일 먹는 음식은 하늘에 다름 아니기 때문에, 음식물을 섭취하는 행위는 하늘님을 내 안에 모시는 행위에 다름 아니다. 그런데 해월에 의하면 무언가를 먹고 싶어 하는 것은 나 혼자의 의지에 의한 것이 아니다. 그것은 내 안의 하늘님의 의지이기도 하다.

사람은 모두 하늘님의 영기(靈氣)를 모셔서 생활하는 것이다. 사람이 먹고 싶은 생각이 드는 것은 하늘님이 감응하시는 마음이고, 먹고 싶은 기운은 하늘님이 감응하시는 기운이며, 사람이 맛있게 먹는 것은 하늘님이 감응하는 감정이고, 사람이 먹고 싶은 생각이 없는 것은 하늘님이 감응하지 않기 때문이다. 사람이 하늘님의 영기(靈氣)를 모시고 있으면 살아 있는 것이고, 그렇지 않으면 죽은 것이다. 시체의 입에 한 숟가락의 밥을 넣고 기다려도 밥 한 알도 먹지 못하는 것은 하늘님이 체내에서 이미 떠나서 먹고 싶은 마음과 먹고 싶은 기운이 나지 않는 것이다. 이것

---

50   道則天道, 德則天德. 『동경대전』「논학문」, 김용휘, 『최제우의 철학』, 124쪽.

51   동학의 천지론에 대해서는 허남진·조성환, 「지구를 모시는 종교: 동학과 원불교의 '천지론'을 중심으로」, 『원불교사상과 종교문화』 88, 2021을 참조하기 바란다.

이 하늘님이 감응할 수 없는 이유이다.[52]

전통적으로 유학에서는 '식욕'을 동물적 본능으로 폄하하였다. 맹자(孟子)가 고자(告子)와 식색(食色) 논쟁을 벌인 것이 대표적인 예이다. 그런데 해월은 식욕이야말로 하늘님의 기운을 느낄 수 있는 성스러운 욕망이라고 말하고 있다. 그렇다면 '이천식천'에서 '이천'(以天)의 의미를 이런 맥락에서 이해할 수 있을 것이다. 즉 무언가를 먹는다는 것은 "내 안의 하늘님의 기운을 가지고(以天) 내 밖의 하늘님의 기운을 먹는 것"을 말한다. 달리 말하면 내 안의 하늘과 내 밖의 하늘과의 직접적인 만남인 것이다. 동학에서 무언가를 먹을 때 식고(食告)의 예를 취하는 것도 이러한 이유에서이다. '식고'란 무언가를 먹기 전에 하늘님께 알리는 행위를 말한다. 그 내용은 하늘에 대한 감사의 표현에 다름 아니.

그런데 내 안의 하늘은 식욕을 느끼는 순간에만 존재하는 것은 아니다. 항상 내 안에 잠재해 있지만 식욕을 느끼는 순간에 드러난다는 의미이다. 성리학적으로 말하면 평소에는 미발(未發)의 상태로 있다가, 무언가를 먹고 싶은 욕망이 들 때 이발(已發)의 상태로 전환된다는 의미이다. 그래서 유학과 대비시켜 말하면, 유학에서는 유자입정(孺子入井)과 같은 상황에서 측은지심(惻隱之心)이 발현될 때 천리(天理)가 드러난다고 한다면, 동학에서는 무언가를 먹고 싶은 마음이 들 때 하늘님이 발현된다고

---

52 『해월신사법설』「향아설위」, 187쪽.

할 수 있다.

이와 같은 미발 상태의 하늘님의 존재는 해월이 향아설위(向我設位)를 주장하는 근거로 작용한다. '향아설위'란 "나를 향해 신위를 세운다"는 말로, 그 의미는 "나를 향해 제사지낸다"는 것이다. 해월은 향아설위를 하는 이유를 다음과 같이 설명하고 있다.

> 임규호가 물었다: 향아설위는 어떤 이치에서 하는 것입니까?
> (해월) 신사께서 말씀하셨다: 나의 부모는 시조로부터 몇 만대에 걸쳐 혈기를 계승하여 나에게 이른 것이다. 또한 부모의 심령은 하늘님으로부터 몇만 대를 계승하여 나에게 이른 것이다. 부모가 죽은 뒤에도 혈기는 나에게 남아 있고 심령과 정신도 나에게 남아 있다. 그래서 제사를 받들고 신위를 세우는 것은 자손을 위하는 것이 본위가 된다.[53]

여기에서 해월은 나를 향해 제사를 지내야 하는 이유를, 혈기가 하늘님으로부터 부모를 거쳐 나에게 이르고 있기 때문이라고 설명한다. 다시 말하면, 하늘님의 기운이 살아서 잘 보존되고 있는 곳은 죽은 조상이 아니라 살아 있는 나이기 때문이라는 것이다. 이것은 "사람이 하늘이다"(人是天)는 해월의 인간관의 당연한 귀결인데, 이 인간관이 식천론과 결합되면 매일 매일의 식사가 다름 아닌 향아설위 제사가 된다.

53　『해월신사법설』「향아설위」, 189쪽.

평상시에 식사를 하듯이 신위(神位)를 세운 뒤에 지극한 정성을 다해 심고(心告)하고, 부모가 살아 계실 때의 교훈과 위업의 뜻을 생각하면서 맹세하는 것이 옳다.[54]

여기에서 "평상시에 식사를 하듯이 … 지극한 정성을 다해 심고하고"라는 말에서 추측할 수 있듯이, 해월에게 있어 향아설위 제사는 평소의 식사 행위와 크게 다르지 않다. 그렇다면 해월에게 있어 제사란 하늘이 하늘을 먹는 '이천식천'을 의례화한 것에 다름 아니게 된다. 즉 전통적으로 제사는 조상을 섬기는 행위이고, 그 과정에서 음식을 먹게 되는데, 해월철학에 의하면 조상의 기운은 나에게 잘 보존되어 있고, 음식을 먹는 행위는 하늘을 먹는 행위이기 때문에, 결국 제사는 나를 향해 지내는 향아설위가 되어야 하고, 거기에서 음식을 먹는 행위는 하늘이 하늘을 먹는 이천식천 행위에 다름 아니게 된다. 반대로 생각하면, 매끼마다 식사를 하는 행위는 내가 나라는 하늘을 모시고 봉양하는 향아설위 제사에 다름 아니게 된다. 여기에서 식사는 의례화되고 제사는 일상화되어, 제사와 식사의 구분은 사라지게 된다.[55]

이처럼 해월이 식사를 일상의 의례로 본 것은, 플럼우드의 표현을 빌리면, "하늘이 하늘을 먹는다"고 하는 생태적인 관점에서 식사를 이해하기

54 『해월신사법설』「향아설위」, 189쪽.
55 이에 대해서는 조성환, 「동학에서의 제천의례의 일상화」, 원광대학교 종교문제연구소 기획, 『한국 근·현대 민중중심 제천의례 조명』, 모시는사람들, 2021, 26-31쪽 참조.

때문이다. 동시에 거기에서 희생이라고 하는 종교적인 의미도 도출해 내기 때문이다. 그래서 해월에게 있어 식사는, 황종원의 표현을 빌리면, '종교생태학'적인 의미를 띠게 되고, 결과적으로 플럼우드가 제시한 "예의바르고 생태적인 식사"와 일치하게 된다. 다만 차이가 있다면, 해월에게는 플럼우드와 달리, 최제우로부터 물려받은 시천주(侍天主)라고 하는 존재론이 깔려 있다는 점이다. 즉 '이천'(以天)의 존재론과 인간관을 가지고 있는 것이다. 플럼우드에게서 해월과 같은 '이천식천' 설법이 보이지 않는 이유는 여기에 있다.

이상에서 논의한 바와 같이, 플럼우드는 포식자의 입장이 아닌 피식자의 관점에서 먹음과 먹힘의 문제를 사유했다. 이러한 사유를 통해 만물은 음식이기도 하지만 음식 이상의 것이라는 존재론을 주장했다. 그런 점에서 플럼우드의 먹음과 먹힘의 논의는 동학사상가 해월 최시형의 식천론과 상통하는 점이 많다.

최시형이 '이천식천'을 설하면서 말한 '인심의 편견'은 플럼우드가 말하는 '인간 예외주의'에 다름 아니다. 그리고 그와 반대되는 '하늘 전체의 관점'은 플럼우드 식으로 말하면 '지구공동체 모델'의 관점을 가리킨다. 또한 플럼우드는 지구공동체는 "급진적 평등(radical equality)과 상호 양육과 상호부양(mutual nurturance and support)"[56]으로 유지된다고 하였는데, 이것은 최시형이 "하늘은 일면에서는 동질적 기화로 종속을 기르고, 일면

---

56   Val Plumwood, "Tasteless," p.325.

에서는 이질적 기화로 종속과 종속의 연대적 성장발전을 도모한다"고 한 것과 상통한다. 뿐만 아니라 플럼우드는 현대인들은 지구공동체적 관점을 상실해서 '겸손'(humbling)의 태도도 상실했다고 지적하였는데,[57] 여기에서 겸손의 태도는 최시형 식으로는 '경'(敬)으로 바꿔 말할 수 있다. 만물에 대한 겸손에서 만물에 대한 공경이 나오기 때문이다.

이처럼 최시형의 동학사상은 오늘날 서양에서 대두하는 지구학과 상통하는 점이 많고, 그런 점에서 서양과의 대화의 여지가 풍부하다. 반대로 오늘날 생태 위기 문제를 해결하기 위해서 서양에서 제시하고 있는 인문학적 해결책은 비유럽 세계의 전통사상과 공통되는 점이 많다. 그런 점에서 생태 위기를 사이에 두고 동과 서는 서로 가까워지고 있다고 할 수 있다. 바로 여기에 동양과 서양이 '지구학'을 매개로 만날 수 있는 계기가 존재한다.

---

57   Val Plumwood, "Tasteless," p.325.

The discovery of planetary humanities

인류세 시대
지구 담론의 지형도
—Globe, Earth, Gaia, Planet

조성환·허남진

서양에서 논의되는 지구 담론에는 Earth 이외에도 globe, Gaia, planet 등의 개념이 사용되고 있다. 그리고 이 개념들은 시대와 학자에 따라, 그리고 문맥과 상황에 따라 각각 달리 쓰이고 있다. 뿐만 아니라 'Gaia2.0'(브뤼노 라투르), 'Eaarh'(빌 맥키번), 'the Intrusion of Gaia'(이사벨 스텐저스)과 같이 다양하게 재개념화되고 있다. 이러한 용어들은 지구화 시대, 그리고 인류세 시대의 지구가 이전의 지구와는 다르다는 사실을 각인시키기 위해, 그리고 인간중심적 사유에서 벗어나기 위해 제안된 개념들이다. 마지막 장에서는 지금까지의 논의를 정리하는 의미에서 이 개념들이 사용되는 맥락을 고찰하고, 이들 사이의 의미상의 차이를 살펴본다.

먼저 globe는 globalization이라는 말로부터 알 수 있듯이 인간화된 지구의 측면을 가리킨다. 즉 인간이 기술이나 도구를 사용해서 구축한 문명화된 지구가 '글로브'이다. 글로브는 1900년을 전후로 시작된 '지구화' 시대에 주로 사용되었다. Earth는 '대지'라는 의미로부터 유추할 수 있듯이, '거주지'로서의 지구의 측면을 말할 때 주로 사용된다. 또는 "Earth-bound"(브뤼노 라투르)와 같이 인간이 "지구에 메인 존재"임을 강조할 때 사용되기도 한다. 한편 Gaia는 그리스신화에 나오는 대지의 여신에서 기원하는 용어이다. 1970년대에 대기화학자 제임스 러브록과 미생물학자 린 마굴리스가 공동으로 발전시킨 지구론으로, 지구의 시스템적 또는 활동적 측면을 강조할 때 사용되는 개념이다. 이들의 가이아론에 의하면, 오늘날 생명체가 살 수 있는 지구 환경이 마련될 수 있었던 것은 지구에 사는 모든 존재자들이 스스로 환경을 조절한 결과이다. 마지막으로 Planet은 '행성'이라는 번역어에도 드러나듯이, 인간이 통제할 수 없는, 또는 거주할 수 없는 지구의 '야생적' 측면까지 포함해서 말할 때 주로 쓴다. 2010년을 전후로 인문학의 영역에서 인류세 담론을 수용해서 지구론을 전개할 때 대두되기 시작한 개념이다. 디페시 차크라바르티가 그 선구적인 인물이다.

이상의 지구 개념의 분석 및 분류 작업은 지구인문학의 흐름뿐만 아니라 인류세 시대의 지구 담론의 지형도를 구축하는 데 첫걸음이 될 것이다.

1.
Globe

지구 담론에서 맨 먼저 주목받은 개념은 'globe'이다. 이 책의 서두에서 언급했듯이, 1980년대에 독일의 사회학자 울리히 벡(Ulrich Beck)은 "위험의 지구화"(the globalization of risks)[1]나 "지구적 위험공동체"(the community of a global risk)[2]와 같이 'global'이라는 표현을 사용하였다. 산업화가 지구적으로 전개됨에 따라 위험도 국경을 넘어 지구적으로(globally) 공유되고 있다는 것이다. 그런 점에서 『위험사회』는 '지구사회학'(global sociology) 적 관점에서 쓴 지구인문학 연구서라고 할 수 있다.

울리히 벡이 사용한 global(지구적)은 globe에서 온 말이다. 1990년대에 한국에서 유행했던 '세계화'는 이 globe의 타동사형인 globalization의 번역어이다. 이후로는 주로 '지구화'로 번역되었다. 가령 '위험의 지구화'라고 했을 때의 '지구화'는 위험이라는 현상이 특정 지역이 아니라 전 세계적으로 전개된다는 의미이다. 그래서 globe에는 "nation(국가)이라는 울

---

1   울리히 벡, 『위험사회: 새로운 근대(성)를 향하여』, 홍성태 옮김, 새물결, 2019(초판은 1996), 82쪽(이하 '위험사회'로 약칭). 영어 번역은 Ulrich Beck, *Risk Society - Towards a New Modernity* translated by Mark Ritter, London: Sage, 1992, 39쪽(이하 'Risk Society'로 약칭).

2   『위험사회』, 92쪽.; *Risk Society*, 46쪽.

타리를 뛰어 넘는다"는 함축이 들어 있다. 그런 점에서 trans-national(다국적)과 상통한다. 1990년대는 인터넷의 발달로 '국경'이라는 장벽이 무너진 시대이다. 뿐만 아니라 신자유주의의 확산으로 국경을 넘나드는 '초국가 기업'들이 탄생한 시대이다. 이러한 현상을 'globalization'이라고 부른다.

globalization(지구화)은 19세기 이래로 서구적 근대화가 전 지구적으로 확산된 결과로, 달리 말하면 'global modernity'(지구적 근대성)라고 한다. 예를 들면 인도 출신의 미국 역사학자 프라센지트 두아라(Prasenjit Duara)의 저서 *The Crisis of Global Modernity - Asian Traditions and a Sustainable Future*(지구적 근대성의 위기-아시아의 전통과 지속가능한 미래, 2014)가 그것이다. 이 책에서 저자는 전 지구적으로 전개된 근대성이 '지구적 지속가능성'의 위기를 낳았다고 보고, 그 대안을 아시아 전통에서 찾고자 하였다.[3] 여기에서도 global은 '지구 전체에 걸친'이라는 의미로 사용되고 있다. 마찬가지로 '지구온난화'로 번역되는 'global warming'(지구 온난화)도 온난화 현상이 인간이 살고 있는 모든 지역에서 일어나고 있다는 의미에서 global이 사용되고 있다.

한편 globe는 우리에게 익숙한 world와 대비되는 용어이기도 하다. 세계종교(world religions)와 지구종교(global religions), 세계사(world history)

---

3   이 책의 국내 서평으로는 조영한, 「어느 역사학자의 글로벌 모더니티에 대한 고민 그리고 미래에 대한 생태학적 제안」, 『아시아리뷰』 4-2(통권 8호), 2015, 303-309쪽과 김상준, 「두아라가 서쪽으로 간 까닭은?」, 『아시아리뷰』 4-2(통권 8호), 2015, 311-314쪽이 있다.

와 지구사(global history)와 같은 범주들이 그것이다. 특히 지구사(global history)는 2000년대에 대두된 분야로, 2006년에 캠브리지대학 출판부에서 'Journal of Global History'(지구사 저널)라는 제목의 저널이 창간되었고, 2008년에 하버드대학에서 'global history, globally'(지구사, 지구적으로)라는 제목의 국제학술대회가 개최되었다.[4] 지구사의 특징은 종래의 일국사(national history) 단위의 역사 서술 방식을 지양하고, 국가와 국가 간의 연결성(connectivity)에 주목한 초국가적(transnational) 역사 서술을 지향한다는 점이다.

이상의 고찰로부터 globe나 global은, nation(국가)이나 world(세계) 개념의 한계를 인식하고, 국가와 국가 간의 상호연결성과 상호의존성에 주목하여, 특정한 중심을 설정하지 않은 상태에서 지구 전체를 시야에 넣고자 하는 인식이 싹트기 시작한, 1990년대 이래로 본격화되기 시작한 지구화(globalization)의 산물임을 알 수 있다.

---

4   임지현, 「'지구사' 연구의 오늘과 내일 - '지구적 차원에서 지구사를!' 학술대회를 다녀와서」, 『역사비평』 83, 2008.05, 410쪽.

2.
Earth

울리히 벡이나 프라센짓 두아라가 지적하고 있듯이, globalization(지구화)의 가속화는 지구의 지속가능성에 대한 위기의식도 심화시켰다. 이것이 지구화의 양면성이다. 이와 같이 지구의 지속가능성에 대한 물음이 제기되면서 주목받기 시작한 개념이 Earth이다. globe와 Earth는 서로 통용되기도 하지만, 지구인문학적 관점에서 양자를 구분해 보면, globe가 인간이 만들어낸 '세계 전체'로서의 지구를 말한다면, Earth는 인간이 '거주하는 행성'으로서의 지구이다. 그래서 Earth에는 globe로는 표현되지 않는 생태적 위기, 지속가능성, 인간의 조건과 같은 뉘앙스가 담겨 있다.

가령 1992년에 브라질 리우(Rio)에서 열린 global forum의 별칭은 Earth Summit(지구 정상 회담)이었다. Earth Summit은 그 별칭이 'the United Nations Conference on the Environment and Development'(환경과 개발에 관한 유엔 회의)였던 점으로부터 알 수 있듯이, 지구 환경(environment)을 위해 기획된 포럼이다.[5] 그래서 이 포럼은 지구(Earth)의 지속가능성을

5　The '92 Global Forum, Brazil, 1-12 June 1992: As the world leaders and their delegations met for the United Nations Conference on the Environment and Development (UNCED), or Earth Summit, from 3-14 June 1992 in Rio de Janeiro, Brazil, an unprecedented

위해 전 세계의 리더들이 모인 '지구적'(global) 포럼으로 정의할 수 있다. 여기에서 Earth는 당면 사안이자 이슈를 가리키고, Global은 그것에 대한 '초국가적' 연대를 의미한다. 이처럼 Global과 Earth는 비슷하면서도 다른 의미로 사용되고 있다.

비슷한 예는 김대중과 반다나 시바의 '지구민주주의' 개념에서도 확인할 수 있다. 1994년에 김대중은 *Foreign Affairs*에 기고한 "Is Culture Destiny?"(문화는 운명인가?)라는 글에서, 앞으로의 민주주의는 인간 이외의 존재의 생존권까지도 보장해 주는 'global democracy'(지구민주주의)가 되어야 한다고 주장하였다. 여기에서 global은, 울리히 벡의 개념과는 다르게, "존재하는 모든 것"이라는 의미이다. 즉 민주주의의 범위를 인간을 넘어서 만물까지 '확장'해야 한다는 의미에서 global을 사용한 것이다.

반면에 인도의 생태운동가인 반다나 시바(Vandana Shiva)는 2004년 무렵에 '지구민주주의'(Earth democracy) 개념을 제안하였다. 2015년에는 *Earth Democracy: Justice, Sustainability, and Peace*(지구민주주의: 정의, 지속가능성, 평화)라는 책을 출판하였다. 반다나 시바의 지구민주주의는 인간뿐 아니라 모든 생명체의 민주주의를 의미한다. 모든 생명체는 복지와 행복을 추구할 권리가 있기 때문에 인간은 그들의 복지를 보장해야 할 의무가 있다는 것이다. 특히 시바의 저서의 부제에 들어 있는 '지속가능

---

number of non-governmental organizations (NGOs) convened in Rio for the 1992 Global Forum. (https://www.unmultimedia.org/s/photo/detail/281/0281388.html)

성'이라는 용어로부터 추측할 수 있듯이, 시바의 지구민주주의는 지구의 지속가능성에 방점을 둔 지구민주주의이다.

이러한 Earth 담론은 20세기 후반의 토마스 베리(Thomas Berry, 1914-2009)에 의해서 본격화되었다. 토마스 베리는 1988년에 쓴 『지구의 꿈』에서 '지구공동체'(Earth Community) 개념을 제창했다. 그는 지구공동체 개념을 통해 인간을 좀 더 넓은(more than human) 공동체의 구성원으로 위치시키고, 지구와 인간의 관계를 상호 이익을 증진시키는 방향으로 회복시키고자 하였다. 그런 의미에서 토마스 베리는 새로운 '지구 이야기'를 통해 종래의 환경 담론이나 생태 담론을 지구 담론으로 전환시킨 장본인이라고 평가할 수 있다.

토마스 베리의 『지구의 꿈』 이후로 '지구'를 주제로 한 철학과 신학 서적들이 여기저기서 나오기 시작하였다. 가령 프랑스의 에드가 모랭과 안느 브리지크 케른이 1993년에 쓴 *Terre-Patrie*(지구 조국)가 대표적이다. 이 책의 영어 번역서 제목은 'Homeland Earth'이고, 우리말 번역서 제목은 『지구는 우리의 조국』이다.[6] 마치 토마스 베리의 '지구공동체'(Earth Community)에 화답이라도 하듯이, 모랭과 케른은 '지구 조국'을 제시한 것

---

6   Edgar Moran, Anne Brigitte Kern, *Terre-Patrie,* Seuil, 1993. 한글 번역은 Edgar Morin, Anne Brigitte Kern,『지구는 우리의 조국』, 이재형 번역, 문예출판사, 1993. 영어 번역은 Edgar Morin, Anne Brigitte Kern, *Homeland Earth: A Manifesto for the New Millenium*, Hampton Press, 1999. 이하에서 『지구는 우리의 조국』의 인용 쪽수는 한글 번역본에 의거한다.

이다. 실제로 그들은 지구를 하나의 '운명공동체'로 규정하고 있다.[7] 그런 점에서 모랭과 케른의 『지구 조국』은 토마스 베리의 『지구의 꿈』의 연장 선상에 있다고 할 수 있다.

이 책에서 모랭과 케른은 '살아 있는 지구'(a living Earth)나 '위기의 지구'(Earth in crisis), 또는 '지구시민'(citizens of the Earth)이나 '행성공동체'(planetary community) 같은 개념들을 사용하면서 본격적인 지구인문학 내지는 지구철학을 전개하였다.[8] 그런데 주목할 만한 점은 모랭과 케른이 '지구적'에 해당하는 개념으로 사용한 단어는 planetary이라는 사실이다. planetary는 global과 더불어 '지구적'이라고 번역될 수 있는 개념인데, global이 globe의 형용사형라면 planetary는 planet의 형용사형이다. Earth를 인간과 만물이 거주하는 '행성'이라는 의미로 사용할 때에는 종종 'planet Earth'라고도 한다. 직역하면 '행성 지구'이다. 그리고 그것의 형용사형으로는 planetary를 쓴다.

한편 최근에는 인류세 담론의 대두와 함께 Earth를 인간의 생존 조건으로 바라보는 관점도 등장하였다. 디페시 차크라바르티가 2015년에 예일대에서 강연한 'The Human Condition in the Anthropocene'(인류세 시대의

---

7   "우리는 지구 시민이고, 따라서 지구와 같은 운명을 공유한다." *Homeland Earth*, p.146; 『지구는 우리의 조국』, 259쪽.

8   에드가 모랭을 지구인문학의 관점에서 소개한 글로는 다음이 있다. 조성환, 「지구는 우리의 조국: 에드가 모랭의 지구문명론」, 『文学·史学·哲学』 65, 2021, 221-238쪽.

인간의 조건)이 그것이다.[9] 그 뒤로 교토대학의 시노하라 마사타케(篠原雅武)도 2018년의 저서 『人新世の哲学(인류세의 철학): 思弁的実在論以後の '人間の条件'(사변적 실재론 이후의 '인간의 조건')』(人文書院)과 2020년의 논문 "Rethinking the Human Condition in the Ecological Collapse"[10] 등에서 인간의 조건이라는 관점에서 인류세 철학을 전개하였다.

주지하다시피 '인간의 조건'은 1958년에 나온 한나 아렌트의 『인간의 조건』으로 널리 알려진 개념이다. 이 책에서 아렌트는 인류 최초의 인공위성이 발사되는 모습을 보면서 'earth alienation'(지구소외) 개념을 사용하였다.[11] 인간이 과학기술을 이용하여 자신의 생존조건이자 거주지인 지구를 벗어나려 한다는 것이다. 이때의 지구는 말 그대로 인간이 거주하는 행성으로서의 Earth를 말한다.[12]

지금까지 Globe에 이어 Earth 담론의 대두에 대해서 간략히 살펴보았는데, Earth 담론이 본격화된 것도 1990년 전후이다. 그래서 1990년대는 globalization과 더불어 Earth 담론이 대두된 시기라고 할 수 있다.

---

9   https://tannerlectures.utah.edu/_resources/documents/a-to-z/c/Chakrabarty%20
     manuscript.pdf

10   Masatake Shinohara, "Rethinking the Human Condition in the Ecological Collapse," in
     CR: The New Centennial Review 20(2), 2020, pp.177-204.

11   한나 아렌트, 『인간의 조건』, 373-376쪽.

12   허남진 · 이우진, 「인류세 시대의 지구와 종교: 지구종교론의 모색」, 『한국종교』 51,
     2022, 255-259쪽 참조.

3.
Gaia

대기화학자 제임스 러브록(James Lovelock)은 1972년에 발표한 짧은 논문에서, 지구를 "자기 조절 능력이 있는 살아 있는 유기체"로 규정하고, 이를 그리스신화에 나오는 대지의 여신 '가이아'(Gaia)에 비유하였다. 이 가설이 발표된 이후로 과학자들 사이에서는 비판의 소리가 높았지만,[13] 생태신학자나 환경운동가들 사이에서는 환경운동과 생태운동의 상징으로까지 여겨졌다. 가령 1984년에 에드워드 포시(Edward Posey)와 리즈 호스킨(Liz Hosken)는 오늘날 세계적인 환경단체로 발전한 'Gaia foundation' (가이아 재단)을 설립하였다.[14] 그 뒤로 토마스 베리는 『지구의 꿈』에서 "지구는 전체가 하나의 생명체"이자[15] "살아 있는 행성"[16]이라고 하면서, "지구를 가이아라는 인격적 존재로 부르는 것은 더 이상 받아들일 수 없

---

13   가령 제임스 러브록은 1999년에 《가디안》에 쓴 칼럼에서 다음과 같이 말하고 있다: "Many scientists seem to dislike Gaia as a name…" James Lovelock, "From God to Gaia," *The Guardian*, Wed 4 Aug 1999.

14   Matilda Lee, "How indigenous cultures can save themselves…and us" in *Eocologist Informed by Nature*(online), 9th July 2010.

15   토마스 베리, 『지구의 꿈』, 46쪽.

16   토마스 베리, 『지구의 꿈』, 52쪽,

는 일이 아니다"[17]는 입장을 표명하였다.

베리의 영향력이 작용했는지, 이후에 생태신학자들 사이에서 가이아는 적극적으로 수용되었다. 베리의 『지구와 친구 되기』(Befriending the Earth)가 나온 이듬해인 1992년, 미국의 생태여성신학자 로즈마리 래드포드 류터(Rosemary Radford Ruether)는 *Gaia & God: An Ecofeminist Theology of Earth Healing*(가이아와 신: 지구를 치유하는 생태여성 신학)을 출간하였다.[18] 래드포드 류터는 베리의 『지구와 친구 되기』의 권두에 추천사를 쓴 인물로, 이 책에서 그녀는 비록 독자적인 가이아론을 개진하고 있지는 않지만, 가이아 개념을 지구치유와 생태여성학에 적용하였다는 점에서 의의가 있다.

한편 가이아 이론의 창시자인 제임스 러브록은 2006년에 *The Revenge of Gaia: Earth's Climate Crisis & The Fate of Humanity*를 간행하였다.[19] 우리말로 번역하면 '가이아의 복수: 지구의 기후 위기와 인류의 운명'인데, 여기에서 "가이아의 복수"라는 제목은 의미심장하다. 왜냐하면 지구가 인간의 행위에 대해 반응을 하는 '행위주체'(agency)라는 함축이 담겨 있기 때문이다. 그런 의미에서 『가이아의 복수』는 "인류세 시대의 가이아

---

17 토마스 베리, 『지구의 꿈』, 46쪽.

18 한국어 번역본은 로즈마리 래드퍼드 류터 지음, 전현식 옮김, 『가이아와 하느님: 지구 치유를 위한 생태 여성학적 신학』, 이화여자대학교출판부, 2000.

19 James Lovelock, *The Revenge of Gaia: Earth's Climate Crisis & The Fate of Humanity*, Basic Books, 2006. 한국어 번역본은 제임스 러브록 지음, 『가이아의 복수』, 이한음 옮김, 세종서적, 2008.

론"이라고 할 만하다.

가이아는 최근 들어 라투르(Bruno Latour)나 스텐저스(Isabelle Stengers)와 같은 인류세 인문학자들에 의해 다시 호출되고 있다. 이들은 'Gaia2.0', '침입자'(intruder)라는 개념을 통해서 인류세 시대의 가이아는 개체가 아닌 파트너 혹은 행위주체자(agency)로 인식되어야 한다고 주장한다.[20] 이처럼 러브록의 가이아는 과학 영역을 넘어서 인문사회학의 영역에서 재사유되고 있다.[21]

먼저 이자벨 스텐저스(Isabelle Stengers)는 자본주의적 산업과 채굴 활동은 가이아를 도발했고, 이제 "가이아 침입" 시대가 도래했다고 말한다. 그래서 인류세 시대에 가이아는 인간행위에 저항하는 존재, 인간이 주의를 기울여야 할 정치적 행위자로 파악할 것을 주장한다.

한편 라투르는 가이아론을 기후위기 문제와 결부시켜 논한 대표적인 철학자이다. 그는 2011년에 런던에서 'Waiting for Gaia: Composing the common world through arts and politics'(가이아를 기다리며: 예술과 정치를 통해 공동의 세계를 구성하다)라는 제목의 강연을 하여, 가이아에 대한 관심을 보였다.[22] 이 시기는 차크라바르티에 의해 기후위기와 인류세 담론

---

20   허남진 · 이우진, 「인류세 시대의 지구와 종교: 지구종교론의 모색」, 『한국종교』 51, 2022, 259-263쪽 참조.

21   Bruce Clarke, "Rethinking Gaia: Stengers, Latour, Margulis" in *Theory, Culture & Society*. Vol. 34(4), 2017, pp. 3-26.

22   이 강연은 이후에 책에 수록되었다. Albena Yaneva, Alejandro Zaera-Polo, *What Is Cosmopolitical Design? Design, Nature and the Built Environment*, London, Routledge,

이 인문학의 영역으로 들어오기 시작할 무렵이라는 점에서 주목할 만하다. 이어서 2013년에는 기포드 강연(Gifford Lecture)에서 총 8차례에 걸쳐 본격적인 '가이아론'을 전개하였다. 그 내용은 2017년에 영어로 번역되어 출판되었는데, 제목이 'Facing Gaia: Eight Lectures on the Climate Regime' (가이아를 만나다: 기후 체제에 관한 8개의 강의)이다. 특히 제3장 "Gaia, a (finally secular) figure for nature"(최종적으로 세속적인) 자연의 형상인 가이아)에서 가이아를 집중적으로 논하고 있다. 이후로도 라투르의 가이아론은 이어지고 있다. 2017년에 쓴 "Why Gaia is not a God of Totality"(가이아가 전체의 신이 아닌 이유)[23]나 작년에 나온 저서 *Où suis-je?: leçons du confinement à l'usage des terrestres*(나는 어디에 있는가?: 지구생활자를 위한 봉쇄조치의 교훈)[24]에서도 가이아에 관한 언급을 볼 수 있다. 그렇다면 라투르는 가이아를 어떻게 이해하고 있을까? 그의 가이아 이해는 이전의 논의들과 어떻게 다를까?

라투르는 가이아를 인간 이외의 존재들의 행위성을 파악할 수 있는 유용한 개념으로 파악한다. 그는 가이아를 모든 행위자뿐만 아니라 그들이 시간 속에 변형시킨 행위 효과까지 포함된 용어라고 지적하면서,[25] 지구

2015.

23   Bruno Latour, "Why Gaia is not a God of Totality" in *Theory, Culture and Society*, Volume 34 Numbers 2-3, March-May 2017, pp. 61-82.

24   브뤼노 라투르, 『나는 어디에 있는가?: 코로나 사태와 격리가 지구생활자들에게 주는 교훈』, 김예령 옮김, 이음, 2021. 이하, '브뤼노 라투르, 『나는 어디에 있는가?』'로 약칭.

25   브뤼노 라투르, 『나는 어디에 있는가?』, 44-45쪽.

제6장 인류세 시대 지구 담론의 지형도 | **249**

전체로서의 globe가 아니라, 그중에서 인간이 살 수 있는 지구 표면의 일부, 즉 'critical zone'을 지칭하는 개념으로 사용한다. critical zone은 한국어로는 '임계영역' 또는 '생존층'으로 번역된다.

> 지구생활자들은(terrestrials) 이동할 수 있지만, 지구 또는 가이아라고 명명된 생명체들의 암석층(nappe), 생물막, 흐름, 유입, 밀물이 후대를 위해 어느 정도 지속가능한 거주적합성의 조건들을 창조해 낼 수 있었던 딱 그만큼의 거리까지만 그럴 수 있을 뿐이다. 그 간석지를 넘어서는 1미터도 더 나아갈 수 없다. 이 같은 한계를 누리는 법을 배워야만 한다. … 우리가 적합한 장비를 지니고 누빌 수 있는 몇 킬로미터 두께의 얇은 생존층….[26]

여기에서 라투르는 인간과 생명체들이 지구에서 거주 가능한 지역은 단지 몇 킬로미터 정도에 불과한 얇은 생존층에 지나지 않다고 지적하면서, 그것을 지구 또는 가이아라고 명명하고 있다. 따라서 라투르의 정의에 의하면 가이아=지구는 지구 표면을 둘러싼 몇 킬로 정도의 대지와 공간으로 한정되는 셈이다.

이어서 라투르는 인간은 이 '한계 영역'에서 자유를 누리는 법을 배워야 한다고 말한다. 마치 칸트가 "이성의 한계 안에서의 종교"를 말했듯

---

26   브뤼노 라투르, 『나는 어디에 있는가?』, 48쪽.

이, 라투르는 "가이아의 한계 안에서의 자유"를 말하고 있는 것이다. 이 것은 동아시아의 사상 전통, 그 중에서도 특히 장자(莊子) 식으로 말하면 "천지(天地) 안에서 누리는 소요"라고 바꿔 말할 수 있다.

그렇다면 가이아는 어떤 속성을 지니는가? 라투르는 기존에 생태신학 자들이 가이아 개념을 통해 설파했던 '어머니 지구'나 '성스러운 지구'와 같은 이미지를 거부한다. 그리스 신화에 나오는 가이아는 간악하고 무 자비한 여신이라는 점을 상기시키면서, "가이아는 조화의 상징도 아니고 어머니적인 것은 아무것도 없다"고 단언한다.[27] 뿐만 아니라 가이아는 위 계질서를 가진 유기체도 아니고, 그런 의미에서 '생명체'라고 부를 수 없 다고 지적하였다.[28] 라투르에게 있어 가이아란, 『장자』 식으로 말하면 일 종의 '혼돈'인 셈이다.

이와 같은 가이아 이해는 생태신학자들의 가이아 이해와는 정반대되 는 것이다. 가령 2009년에 로이드 기링은 『가이아와 기독교의 녹색화: 다 신론에서 유일신론으로, 다시 가이아로』[29]에서 가이아에 대해 다음과 같

---

27 "Gaia is not a figure of harmony. There is nothing maternal about her." Bruno Latour, *Facing Gaia*, Cambridge: Polity, 2017, p.82.

28 "It is in this sense that Gaia is not an organism, and that we cannot apply to it any technological or religious model. It may have an order, but it has no hierarchy; it is not ordered by levels; it is not disordered, either." Bruno Latour, *Facing Gaia*, p.106.

29 Lloyd Geering, *Coming Back to Earth: From gods, to God, to Gaia*, Polebridge Press, 2009. 한국어 번역은 로이드 기링, 『가이아와 기독교의 녹색화: 다신론에서 유일신론, 다시 가이아로』, 박만 옮김, 한국기독교연구소, 2019. 이하, '로이드 기링, 『가이아와 기 독교의 녹색화』'로 약칭.

이 말하고 있다. 사람들은 이제 지구라는 우리의 거처를 가이아, 즉 우리를 출산하고 양육했으며, 이제는 우리가 공경하고 돌보아야 할 어머니 지구로 보기 시작했다.[30]

반면에 라투르는 "지구=어머니" 등식을 철저하게 비판한다. 이처럼 라투르는 지구를 여성의 이미지나 성스러운 존재로 이해하는 종래의 종교적 접근방식을 비판하면서 철저하게 '세속화'할 것을 주장한다. 이것이 그가 *Facing Gaia*(가이아 직면하기)에서 말하는 "궁극적으로 세속적인 자연으로서의 가이아"(Gaia, a (finally secular) figure for nature) 개념이다.

지금까지의 고찰에 의하면 지구 담론은 내용상으로 보면 globe에서 Earth를 거쳐 Gaia로 전개되었다고 볼 수 있다. 다만 시기적으로는 몇 년 사이의 간격이 있지만, 거의 동시적으로 대두했다고 보아야 할 것이다. 참고로 최근에는 예전의 지구와 지금의 지구를 구분하기 위해서 'Eaarth'라는 신조어도 등장하였다. 빌 매키번(Bill McKibben)의 Eaarth(2010)라는 책이 그것이다. 이 책에서 매키번은 "우리는 더 이상 그 (옛날의) 지구에 살고 있지 않다"고 하면서, 우리가 지금 살고 있는 "파괴된 행성"을 'Eaarth'라고 명명하였다.[31] 이 신조어는 과거와는 달라진 지구를 지칭하기 위해 새롭게 만든 말로, 이런 신조어가 등장할 정도로 지구의 상태가 심각해졌음을 시사한다.

---

30 로이드 기링, 『가이아와 기독교의 녹색화』, 315쪽.

31 빌 매키번 지음, 『우주의 오아시스 지구: 기후변화와 환경의 역습으로 위기에 빠진 지구의 풍경』, 김승진 옮김, 김영사, 2013, 앞날개, 20쪽.

4.
Planet [*]

* 이 절은 허남진 · 조성환, 「디페시 차크라바르티의 지구인문학(1): 지구(Earth)에서 행성(Planet) 으로」, 『文學 · 史學 · 哲學』 제67호, 2021, 282~295쪽을 수정 보완한 것이다.

최근 들어 대두하기 시작한 인류세 담론의 특징은 지구가 '행성'(planet)으로 재사유되고 있다는 점이다. 행성적 윤리(planetary ethic), 행성적 얽힘(planetary entanglement), 행성적 주체(planetary subject), 행성적 정의(planetary justice), 행성적 의식(planetary consciousness) 등의 개념이 그것이다. 이러한 행성 담론을 주도하고 있는 학자는 디페시 차크라바르티이다. 그는 이 시대를 '행성 시대'(Planetary Age)라고 규정하고, 지구시스템과학(Earth System Science)의 관점에서 지구를 Earth나 globe가 아닌 'planet'으로 대체하고자 한다. 그에 의하면, globe는 인간의 제도와 기술에 의해 창조된 것이고, Earth는 인간과의 대면적, 상호적 관계(communicative relationship)를 지칭한다. 반면에 행성은 인간의 조건이지만, 인간에게 매우 무관심한 상태로 남아 있는 그런 존재이다. 그런 점에서 '어머니로서의 지구' 개념을 거부한 라투르와 유사한 입장에 서 있다고 할 수 있다.

한편 차크라바르티의 globe와 planet 구분은 인간을 탈중심화하기 위한 기획의 일환이다. globe가 인간중심적 관점을 나타내는 반면에, planet은 인간과 자연이 얽혀 있는 개념이라고 보기 때문이다. 다시 말하면 지구화(globalization) 서사가 인간을 중심에 두고 있는 반면에, 지구시스템학적 관점에 있는 행성은 인간이 서사의 주인공이 아니다. 마치 서

발턴(Subaltern, 하위주체) 연구자로서의 차크라바르티가 유럽식 보편주의에 문제를 제기하면서 유럽을 지방화했듯이, 인류세 연구자로서는 인간을 지방화(Provincializing Human)하고 있는 것이다.

차크라바르티에 의하면, globe는 행성적 공간(planetary space)을 관리 가능한 규모로 변환하여, 지구(Earth)를 지배하려는 유럽 확장 프로젝트의 도구이자 상징이다. 따라서 globe는 제국적인 세계 질서의 실용적이고 상징적인 토대가 된다. 이러한 이유에서 최근에는 근대적 모델인 global의 대안으로 'planetary'가 제안되고 있다.

국내에서는 planetary와 global이 모두 다 '지구적'으로 번역되지만, 지구론자들 사이에서는 다르게 사용되고 있다. 탈식민주의 이론가인 가야트리 스피박(Gayatri C. Spivak)은 글로브(globe)가 모든 것을 획일화시키는 개념으로 사용되고 있다고 비판하면서, 개별 생명체의 다름(alterity)을 인정하는 의미가 담긴 '행성'(planet)을 사용할 것을 제안하였다. 스피박에 의하면, 행성에는 식민 객체로 전락하는 타자도 없고, 오직 행성주체들 혹은 행성피조물들(planetary creatures)이 있을 뿐이다.[32] 그래서 그녀는 글로벌 주체(global subjects)에서 행성적 주체(planetary subjects)로의 전환을 주장한다.

스피박은 아직 planet이나 planetarity를 생태적 의미로 사유하지 않았

---

32   Gayatri Chakravorty Spivak, *Death of A Discipline*, New York: Columbia University Press, 2003, pp. 71-73.

지만, 최근 들어 이 두 용어를 globe의 대안적 개념 혹은 인류세 담론으로 다시 소환하고 있다. 차크라바르티도 자신의 globe와 planet의 구분이 스피박의 통찰에서 계발 받았다고 고백한 바 있다.[33] 차크라바르티에게 global은 인간중심적 서사이다. 유럽인들이 대륙을 횡단할 수 있는 배를 만들고, 이를 이용하여 타자들의 땅을 정복하고, 노동력을 착취한 이야기, 그 서사가 바로 글로벌이라는 것이다. 차크라바리티는 유럽의 팽창, 무역, 항해지도 작성 및 항해의 역사, 항공의 역사, 항법 및 이동도구의 개발은 globe에 대한 근대적 감각을 창조한 과정과 제도라고 보았다. 그런데 이러한 설명 방식은 사실 한나 아렌트(Hannah Arendt)의 사유에 근거하고 있다.

지구의 발견, 대륙의 지도화, 대양의 해도화는 여러 세기를 거쳐 지금 겨우 종결되기 시작했다. 인간은 이제야 유한한 거주 공간을 완전히 소유하게 되었으며, 이전의 모든 세계에서는 매력적이면서도 두렵게 여겨졌던 무한한 열린 지평들을 결집시켜 하나의 글로브가 되게 했다. 인간은 이 지구의 장엄한 윤곽과 자세한 표면을 손바닥 보듯이 알게 되었다. … 글로브의 축소화가 시작되었고 … 인간은 자기 나라의 거주자인 것과 같이 세계의 거주자가 되었다. … 이들은 지구를 계속해서 확장시

---

33   Dipesh Chakrabarty, *The Climate of History in a Planetary Age*, Chicago: University of Chicago Press, 2021. p. 71. 이하, 'Dipesh Chakrabarty, *The Climate of History in a Planetary Age*'로 약칭.

컸지 하나의 공으로 축소시키지는 않았다.[34]

이에 의하면 한나 아렌트도 globe를 인간에 의한 축소화 과정에서 탄생된 것으로 보고 있다. 이러한 입장에서, 차크라바르티가 보기에 globalization의 globe는 인간중심적이고 인간적 실천의 표상을 상징한다. 또한 global 서사는 인간과 인간 사이뿐만 아니라 인간이 행성에 대해서, 그리고 자연에 대해서 무엇을 행했는지에 대한 이야기라고도 말한다.[35]

또한 차크라바르티가 globe보다는 planet 개념을 사용할 것을 주장하는 이유는 지구화 서사와는 달리 행성사에서는 인간이 아닌 복잡한, 다세포 생명(multicellular life)이 주인공이기 때문이다. 차크라바르티는 이것을 '행성의 관점'(view of the planet)이라고 명명한다.[36]

뿐만 아니라 global과 planetary는 시간적 규모에서도 구분된다. global은 통신 혁명을 기점으로 수십 년 또는 세계 무역의 시작 시점인 중세로부터 수백 년 정도의 시간적 규모에 불과하지만, planetary는 인간이 출현하기 수백만 년 전까지 거슬러 올라가는 '깊은 시간'(deep history)의 역

34 한나 아렌트, 『인간의 조건』, 359쪽.

35 Ashish Ghadiali and Dipesh Chakrabarty, transcript: In conversation with Dipesh Chakrabarty(https://www.ucl.ac.uk/racism-racialisation/transcript-conversation-dipesh-chakrabarty)

36 Dipesh Chakrabarty, The Climate of History in a Planetary Age, p. 78.

사성을 지닌다. 따라서 종교를 비롯한 여러 사상들은 지구와 인간의 관계를 특별하게 인식하였지만, 행성의 관점에서 보면 인간은 다른 형태의 생명체보다 딱히 특별하지 않다. 1970년대에 러브록이 가이아 가설의 중심에서 인간을 제거하고, 인간종을 미생물과 동일선상에 위치시킨 것과 같은 맥락이다.

이러한 점을 보여주는 예가 2020년 초에 남호주에서 발생한 낙타 살처분 사건에 대한 해석이다. 당시 살처분의 이유는 가뭄을 견디지 못하고 고통 속에서 죽어 가는 동물들을 동물복지 차원에서 내버려 두기 어렵다는 것이었다. 하지만 차크라바르티는 이 이야기를 2019년 말과 2020년 초에 호주에서 발생한 산불로 인해 동물들이 부족한 음식과 식수로 놓고 시골 원주민 공동체와 직접 경쟁했기 때문이라고 해석했다. 행성적 관점에서 인간과 낙타는 동일한 자원을 놓고 경쟁하는 두 개의 지상 생물에 불과하기 때문이다.[37] 이처럼 차크라바르티의 행성론은 인간을 탈중심화시키는 기획의 일환이다.

차크라바르티는 "글로벌은 행성을 드러낸다"(The Global Reveals the Planetary)라는 제목에서 알 수 있듯이, 지구화와 지구온난화의 밀접한 관계에 주목하면서 planet은 globe보다 오래된 존재이지만, 인간은 지구화를 통해서 비로소 planet과 마주하게 되었다고 파악한다. 다시 말해서, 인간의 이익과 권력에 대한 욕망을 위해 지구를 더욱 열심히 일하게 하면

---

37   Dipesh Chakrabarty, *The Climate of History in a Planetary Age*, p. 90.

할수록 행성을 마주하게 된다는 것이다. 결국 행성은 파괴와 인간 지배를 목적으로 하는 지구화 프로젝트를 통해 등장한 셈이다.

그렇다면 인간은 행성과 어떻게 마주하는가? 그것은 지진, 화산 폭발, 쓰나미 등을 통해서이다. 차크라바르티는 인류는 이런 사건들을 통해 인간사에서 항상 행성을 마주해 왔다고 말한다. 행성은 자연재해가 발생하는 빈도가 증가함에 따라 인간에게 실존적 관심의 장소로 등장했고, 인간의 미래에 대한 논쟁에서 고려해야 할 하나의 실체로 드러났다. 그래서 우리는 인류세 시대에 인간의 조건을 사유할 때 행성을 고려하지 않을 수 없다는 것이다.[38]

지금까지 globe, Earth, Gaia, planet 개념을 통해 인문학적 지구 담론의 흐름과 전개를 살펴보았다. 이처럼 인류세 담론에서 지구에 대한 여러 이름들이 회자되는 이유는 지구를 새롭게 이해하기 위해서이다. 인류세라는 새로운 시대의 도래는 인류에게 지구에 대한 새로운 인식과 철학을 요구하고 있기 때문이다.

---

38   Dipesh Chakrabarty, *The Climate of History in a Planetary Age*, pp. 70-71.

실뜨기와 종이접기로 지구를 인문화하기

켄 리우의 SF 소설집 『종이동물원』에서는 호랑이나 상어로 접힌 종이가 살아 숨쉬는 마술이 일어난다.

"엄마는 식탁에 종이를 올려놓은 다음, 하얀 면을 위로해서 접기 시작했다. 엄마가 숨을 불어넣으면 종이는 엄마의 숨을 나누어 받았고, 엄마의 생명을 얻어서 움직였다."

칼과 풀 없이 종이 하나를 접어서 마법처럼 무한에 가까운 존재를 만들어 낼 수 있는 일이 종이접기의 미학이다. 종이접기는 상상적 비인간 존재를 마술적으로 살려내는 일을 가능하게 한다. 영혼이 들락날락하는 종이접기는 비인간과 인간이 공감하고 공존하는 현장이다. 종이로 접힌 동물들과 인간은 함께 실뜨기 놀이를 시작한다. 이렇게 지구를 살아가는 공생체들이 함께 집을 지어간다.

실뜨기의 놀이를 가장 상상적으로 전개한 것은 현대 여성 사상가 도나 해러웨이다. 그는 저서 『트러블과 함께하기』에서 실뜨기(String Figure)를 상상적 우화(speculative fabulation) 그리고 사변소설, 과학소설과 함께 SF로 명명하자고 제안한다. 종이접기가 상상적 존재를 만들어낸다면 실뜨기는 반면 그 존재들 사이의 무수한 이야기를 자아낸다.

실뜨기는 동서의 출처가 불분명하지만 '종이접기'는 동양에서 시작된 전통놀이가 분명하다. 서양에는 일본어인 '오리가미'(折紙: Origami)로 더 잘 알려져 있다지만 종이 자체가 한국에서 일본으로 전승된 역사로 볼 때 한국의 종이접기 문화가 훨씬 이전인 것으로 추정할 수 있다. 한국인은 종이를 사용하기 시작한 것으로 전해지는 상고시대에서 시작해 본격적으로 삼국시대부터 천지인(天地人)을 상징하는 고깔을 접어 소원을 빌고 춤추고 노래했다. 고깔을 한 번 더 접은 종이배는 소망을 담아 시냇가에 띄워보내는 매개체였다.

『어떤 지구를 상상할 것인가』는 종이접기 그리고 실뜨기와 같은 작업을 하는 지구인문학연구소의 집단 활동의 결과물이다. 〈지구인문학연구소〉는 원광대, 연세대, 공주교대에 흩어져 있는 여러 한국학 연구자들이 주축이 돼 결성한 연구 모임이다. 지난 2000년 봄 이후로 자주 만나서 한국학 책을 강독해 왔고, 동학, 한국유학, 한국종교를 공부하던 중 최근 일어나고 있던 21세기 새로운 존재론적 전회의 흐름과 양상이 한국학과 상당히 유사한 점을 포착한 후 연관성을 분석하는 작업을 지속해 왔다. 이후 1990년대부터 서양에서 대두하기 시작한 인문학적 전환 담론이 단순히 포스트모더니즘으로 환원될 수 없으며, 그런 사고는 오히려 한국에 소개된 지엽적 시각에 불과하다는 사실을 인지했고, 이를 '지구학'의 흐름으로 재인식하고 확장시키고자 하고 있다. 특히 한국학과 21세기의 새로운 철학으로 부상한 인류세 담론은 '생명'을 넘어서 '살림'을 지향한다는 점에서 서로 상통하는 바가 많다. 이 책에서 저자들은 그런 관점에서 서양의 지구학을 이규보, 홍대용, 동학, 원불교, 한용운 등이 보여주는 한국의 철학·종교와 대면시키고 있다. 지구인문학은 한국으로부터 세계를 향해 발신하는 '토착적 지구학'이라고 할 수 있다.

생각해보면 우리는 지구라는 종이를 접어 나가고 있는 것은 아닐까. 다채로운 포장지 같은 지구의 여러 면을 접고 맞붙여 나가면서 반대쪽에 있었던 동서양이 만나고 떨어져 있던 과거와 현재가 만난다. 하지만 같은 지구의 변형일 뿐이며 지구의 생명체는 그 연결 접선에서 계속해서 숨을 쉬고 있었을 뿐이다.

따라서 '지구인문학'이란 명명은 두 가지 의미를 지닌다. 첫 번째는 현재 인문학이 설정하고 있는 지역적 범위를 지구적으로 넓혀 보자는 뜻을 담는다. 현재까지 학문을 지배하고 있는 거대한 두 구분, 즉 동양학, 서양학이라는 두 개의 영역을 서로 분리하지 않고 두 영역이 얽히면서 서로를 참조하는 담론이 되기를 원하는 것이다. 물론 동양학자들은 서양을 짝사랑하듯 끊임없이 참조해 오고 있지만, 과문해서인지 모르지만 아직까지 동양학을 가장 많이 언급하고 있는 21세기 서양학자는 사변적 실재론자인 티모시 모튼이며 불교를 참조하는 정도가 거의 유일하다고 볼 수 있다. 지구적인 문제를 해결하고자 할 때 이런 불균형은 수정될 필요가 있다.

두 번째는 인문학의 대상(object) 자체를 지구로 잡는 것이다. 주체에 대한 대상이라는 수동적 의미보다는 그 자체로 독립적인 '객체'라는 의미가 더 강조되는 오브젝트(object)를 지구적으로 확대하려는 시도이다. 정확히는 종이접기에서 언급했듯이 지구를 책임지고 있는 모든 객체들을 존재로 상정하고 그 존재론을 언급하는 것이다. 그 와중에 가장 신나는 결과물은 조성환·허남진이 함께 작업한 인류학적 의미에서 퍼슨(person)과 한국의 대표적 존중의 명칭이었던 '님'을 같은 선상에 놓고 생각해보는 상상력일 것이다. 인문학의 인(人)은 이제 더 이상 일반적인 의미의 사람만이 아니다. 자기의식을 갖고 있는 식물과 동물은 모두 이미 퍼슨(person)이다. 사실 21세기 인류학이 '인간을 넘어선 인류학(Antropology beyond the human)'을 표방한 지도 오래다.(캐나다 인류학자 에두아르도 콘의 베스트셀러 『숲은 생각한다』의 부제가 바로 "인간을 넘어선 인류학을 향해-How Forests Think: Toward an Anthropology Beyond the Human"라는 점을 생각해 보자.)

그렇게 인간만이 퍼슨이 아니라면 인문학(人文學)의 영어번역인 humanity의 의미도 바뀌어야 할지 모른다. 오히려 도나 해러웨이 식으로 부식토(humus)를 이용한 humus-ities도 만들 수 있고, 이 학문을 바탕으로 Humiversities를 만들 수도 있을 것이다. 한국에서 본래 인문학은 천지인(天地人)이라는 삼극에서 한 축을 맡고 있는 이론이었다. 그런 점에서 지구인문학은 그런 인문학의 본래의 의미대로 천문학, 지리학, 인문학을 하나로 합하고자 시도하는 작업이라고 볼 수 있다.

목표와 취지가 거대한 만큼 이루는 과정이 순탄하지만은 않다. 먼저 이런 취지로 결성된 지구인문학연구소는 연구자들이 모두 지역적으로 떨어져 있다는 한계를 넘어야 했다. 다행히 코로나 시기의 비대면 회의 활성화 툴에 힘입어 원격 모임을 지속해 왔으며 인류세와 관련된 번역이나, 이와 관련된 책이 출간되면 저자나 번역자를 모셔서 시민들과 함께 하는 북토크나 워크숍 등의 행사도 원격으로 지속해 왔다. 연구소의 모체인 모시는사람들 박길수 대표님의 공이 크다. 연구자들은 이런 자리를 통해 때론 격론을 벌이면서 때론 어려운 용어들과 씨름을 하면서 길을 만들어 왔다.

가장 어려운 문제는 지구인문학연구소가 지지하고 있는 물론(物論)을 설득력있게 전개하는 작업이다. 실재적 사물이 존재한다는 사물론을 옹호하는 우리는 영국의 실재적 사물론자 티모시 모튼도 언급하듯이 "이 논쟁의 반실재론적 진영에서 볼 때 실재론은 무모함과 기묘함으로 가득 찬 보잘 것 없는 사태로 여겨지"는 시선과 싸워가야 한다. 그러나 논의를 명쾌하게 하기 위해 현재 지구학에서 나타나고 있는 각 이론의 핵심적 신비로운 요소를 잘라낼 수는 없다. 오히려 지구인문학은 언뜻 서로 모순돼 보이거나 어긋나는 이론들을 함께 설명하고자 할 때 생겨나는 역설을 함께 취급하고 그 모순과 곤란함과 함께하고 있다. 왜냐하면 이들은 서양 근대 이후 오랫동안 이분법적으로 분리돼 왔던 인식론상의 문제점을 존재론적으로 극복하고자 하는 운동을 지향하고 있기 때문이다.

"혼자는 외롭고 둘은 괴롭다"는 우스갯소리가 있다. 중국계 지리학자 이 푸 투안은 그의 책 『공간과 장소』에서 과밀함과 광활함을 설명하면서 "광활함은 자유롭다는 감정과 밀접하게 연관되어 있다"고 말한다. 즉 자유는 활동할 수 있는 힘과 충분한 공간을 가지고 있음을 뜻한다. 그런데 광활함이 오래 되면 곧 우리는 과밀한 장소에서 느끼는 안전감을 갈구하게 된다. 즉 사람은 개방된 공간에서는 안전한 장소에 대한 열망을,

안전한 장소에서는 광활한 공간에 대한 열망이란 상반된 감정을 갖게 된다는 설명이다. 이를 사회공학적으로 적절하게 잘 설명한 사람이 이탈리아의 로베르토 에스포지토라는 학자이다. 그는 코무니타스(communitas, 공동체)와 이뮤니타스(immunitas, 면역)라는 단어가 동시에 갖는 어원인 munus(서로에게 진 빚)에 집중하면서 지구공동체는 서로에게 무엇을 선사해야 하는 공동체(com)와 서로에게 어떤 의무(빚)로부터도 자유로운 (im) 면역 체계의 어원이 서로를 필요하면서도 밀어내는 이율배반적 상황을 본질로 하고 있다는 사실을 잘 지적했다.

지구인문학이 접고 싶프고자 하는 한국학과 21세기의 인류세적 담론도 이와 같은 공면역적 체계를 구사하고 있기에, 모순적이고 이율배반적인 상황을 잘 다뤄 가야 할 것이다. 한국학은 오랫동안 하나의 순수성을 고집해 왔다. 순수성에 대한 강한 집념은 한국이 본산지였던 중국을 대신해서 오랫동안 성리학을 고수하고 발전시켜 왔던 비결이기도 하다. 하지만 그로 인해 외로움을 겪었던 것도 사실이다. 한국 사상은 그 수준에 비해 세계적으로 저평가된 측면이 있다. 하지만 지금 한국은 그 어느 때보다 개방적으로 세계의 여러 가지 이론을 동시에 적극적으로 수용하는 대식가적 면모를 보이고 있다. 1930년대부터 세계의 여러 이론을 받아들이면서 우리의 정체성은 결정적이고 변형 불가능한 형태가 아니라 오히려 주변 환경과의 역동적이고 경쟁적인 대응에서 비롯되는 변화무쌍한 생산물이라는 점을 받아들인 결과다.

이 책은 도서출판 모시는사람들의 〈지구인문학 총서〉의 일환이다. 『지구인문학의 시선』에 이은 두 번째 저작이며, 현재 〈인류세 시대의 에너지 철학〉을 주제로 한 더욱 체계화된 공동 연구결과물을 준비 중이다. 한국 학계에서 연구자들 특히 인문 연구자들의 공동 작업은 공공기관 수주 프로젝트의 형식이 아니면 찾아보기 힘들어진 것이 현실이다. 그러나 순수하게 하나의 문제의식을 통해 모인 지구인문학연구소의 동학(同學)들은 21세기 사상의 전환을 둘러싸고, 새로운 존재론적 사유와 한국의 전통 속에서 소중하게 살려야 할 가치를 접목시키고 그 유사성을 살피기 위해 열의를 갖고 긴 기간을 작업해 왔다. 특히 이 과정이 나오기까지 워크숍도 갖고 이러저런 학술대회를 열면서 새로운 실험을 함께해 온 여정이 무엇보다 소중한 추억으로 남아 있다. 감사한 마음이다. 마지막으로 이 책의 출판을 기꺼이 결심해 주신 모시는사람들의 박길수 대표님께 고마움을 전한다.

지구인문학연구소의 연구 모임은 계속해서 "함께"라는 말에 다시 주목할 것이다. 우리가 이 모임을 함께한다면 우리가 함께 선사해야 하는 서로에게 진 빚은 무엇인가? 지구인문학이 한국학 그리고 21세기 코로나 위기, 기후변화, 인류세 담론으로 복합적이고 다양한 종이접기와 실뜨기를 해 나갈 광활하고 조밀한 놀이터(場)에 함께해 주실 독자들을 초청한다.

2023년 6월 저자를 대표하여
이원진 모심

참고문헌

원고출처

찾아보기

Ashish Ghadiali and Dipesh Chakrabarty, transcript: In conversation with Dipesh Chakrabarty.

Beatrice Bruteau, "Eucharistic Ecology and Ecological Spirituality," *Cross Currents* 40:4, 1990.

Bruce Clarke, "Rethinking Gaia: Stengers, Latour, Margulis," *Theory, Culture & Society* 34:4, 2017.

Bron Taylor, "Deep Ecology and Its Social Philosophy: A Critique," *Beneath the Surface: Critical Essays in the Philosophy of Deep Ecology*, MIT Press, 2000.

_____, *Dark Green Religion: Nature Spirituality and the Planetary Future*, Berkeley: University of California Press, 2010.

Bruce Mazlish, *The New Global History*, NY: Routledge, 2006.

Bruno Latour, "Waiting for Gaia: Composing the Common World through Arts and Politics," A lecture at the French Institute, London, November 2011 for the launching of SPEAP(the Sciences Po program in arts & politics).

_____, "Is Geo-logy the New Umbrella for All the Sciences? Hints for a Neo-Humboldtian University," the Cornell University, 25th October 2016.

_____, *Facing Gaia: Eight Lectures on the New Climatic Regime* translated by Catherine Porter, Cambridge: Polity, 2017.

_____, "Why Gaia is not a God of Totality," *Theory, Culture & Society* 34:2-3, 2017.

Cho Sŏng-hwan, "The Philosophical Turn in Tonghak: Focusing on the Extension of Ethics of Ch'oe Sihyŏng," *Journal of Korean Religions*, 13:1, April 2022.

Daniel Deudney, "Global Village Sovereignty: Intergenerational Sovereign Publics, Federal-Republican Earth Constitutions, and Planetary Identities," *The Greening of Sovereignty in World Politics*, Litfin, Karen. MIT Press, 1988.

Danny Naveh, Nurit Bird-David, "How Persons Become Things: Economic and Epistemological Changes among Nayaka Hunter-gatherers," *Journal of the Royal*

Anthropological Institute 20, 2014.

Dipesh Chakrabarty, "The Human Condition in the Anthropocene," The Tanner Lectures in Human Values, Yale University, February 18-19, 2015.

_____, *The Climate of History in a Planetary Age*, Chicago: University of Chicago Press, 2021.

Dominic Sachsenmaier, "Global History, Global Debates," *Connections: A Journal for Historians and Area Specialists*, 2005.03.03.

Edgar Morin and Anne Brigitte Kern, Homeland Earth: *A Manifesto for the New Millenium*, Hampton Press, 1999.

Gayatri Chakravorty Spivak, *Death of A Discipline*, New York: Columbia University Press, 2003.

Graham Harvey, "Animals, Animists, and Academics," *Zygon*, 41:1, 2006.

_____, *Food, Sex and Strangers: Understanding Religion as Everyday Life*, Acumen: Durham, 2013.

_____, *Animism: Respecting the Living World*, New York: Columbia University Press, 2006.

Irving A. Hallowell, "Ojibwa Ontology, Behavior, and World View," *Culture in History: Essays in Honor of Paul Radin*, ed. S. Diamond, New York: Columbia University Press, 1960.

Isabelle Stengers, *Thinking with Whitehead: A Free and Wild Creation of Concepts*, trans. Chase M. Cambridge, MA: Harvard University Press, 2011.

_____, *In Catastrophic Times: Resisting the Coming Barbarism*, trans. Andrew Goffey, Open Humanities Press in collaboration with meson press, 2015.

James Lovelock, "From God to Gaia," *The Guardian*, Wed 4 Aug 1999.

_____, *The Revenge of Gaia: Earth's Climate Crisis & The Fate of Humanity*, Basic Books, 2006.

Manfred B. Steger, *Globalization: A Very Short Introduction*, Oxford: Oxford University Press, 2020(5th edition).

Mark Juergensmeyer, ed., *Global Religion: An Introduction*, Oxford: Oxford University Press, 2003.

_____, ed., *The Oxford Handbook of Global Religions*, Oxford: Oxford University Press, 2006.

_____, "World religions", Helmut K. Anheier and Mark Juergensmeyer, ed.,

Encyclopedia of Global Studies, California: SAGE, 2012.

Mary Evelyn Tucker and John Grim, "Thomas Berry and the Rights of Nature," *KOSMOS*, Winter 2019.

Mary Evelyn Tucker, John Grim, and Andrew Angyal, *Thomas Berry: A Biography*, New York: Columbia University Press, 2019.

Masatake Shinohara, "Rethinking the Human Condition in the Ecological Collapse," *CR: The New Centennial Review* 20:2, 2020.

Matilda Lee, "How Indigenous Cultures Can Save Themselves...and Us," *Eocologist Informed by Nature* (online), 9th July 2010.

Michelle Maloney and Sister Patricia Siemen, "Responding to the Great Work: The Role of Earth Jurisprudence and Wild Law In the 21th Century," *Environmental and Earth Law Journal*, 5:1-2, 2015.

Miguel Astor-Aguilera · Graham Harvey ed., *Rethinking Relations and Animism: Personhood and Materiality*, New York: Routledge, 2018.

Nurit Bird-David, "'Animism' Revisited: Personhood, Environment, and Relational Epistemology." *Current Anthropology* 40, 1999.

Patricia J. Campbell, Aran MacKinnon and Christy R. Stevens, *An Introduction to Global Studies*, Oxford: Wiley-Blackwell, 2010.

Philippe Descola, *Beyond Nature and Culture*, Chicago: University of Chicago Press, 2013.

Sebastian Conrad, *What is Global History?*, New Jersey: Princeton University, 2016.

Suzanne Kelly, *Greening Death: Reclaiming Burial Practices and Restoring Our Tie to the Earth*, Lanham, MD: Rowman & Littlefield, 2015.

Ulrich Beck, *Risk Society: Towards a New Modernity* translated by Mark Ritter, London: Sage, 1992.

Val Plumwood, *Feminism and the Mastery of Nature*, London: Routledge, 1993.

_____, "Human Vulnerability and the Experience of Being Prey," *Quadrant* 39:3, Mar 1995.

_____, *Environmental Culture: The Ecological Crisis of Reason*, London: Routledge, 2002.

_____, "The Concept of a Cultural Landscape: Nature, Culture and Agency in the Land," *Ethics and the Environment*, 11:2, 2006.

_____, "Tasteles: Towards a Food-Based Approach to Death," *Environmental Values* 17, 2008.

_____, *The Eye of the Crocodile* edited by Lorraine Shannon, Canberra: ANU E-press, 2012.

Wendell Berry, *The Art of the Commonplace: The Agrarian Essays of Wendell Berry* edited by Norman Wirzba, Washington, DC: Counterpoint, 2002.

William Ophuls, *Ecology and the Politics of Scarcity: Prologue to a Political Theory of the Steady State*, San Francisco: W. H. Freeman, 1977.

가이아 빈스, 김명주 옮김, 『인류세의 모험: 우리가 만든 지구의 심장을 여행하다』, 파주: 곰출판, 2018.

강금실 외, 『지구를 위한 법학: 인간중심주의를 넘어 지구중심주의로』, 서울: 서울대학교 출판문화원, 2020.

곽혜성, 「담헌 홍대용의 탈성리학적 사상의 형성: 이기심성론에 따른 물(物)의 담론 변화를 중심으로」, 『철학사상문화』 20, 2019.

구도완, 『생태민주주의: 모두의 평화를 위한 정치적 상상력』, 대구: 한티재, 2018.

김도공, 「한국 신종교와 지구윤리: 삼동윤리를 중심으로」, 『종교교육학연구』 20, 2005.

_____ · 임병학, 「원불교 사은의 『주역』 연원에 관한 고찰」, 『원불교사상과 종교문화』 67집, 2016.

김명호, 『홍대용과 항주의 세 선비』, 파주: 돌베개, 2020.

김병제 · 이돈화, 『천도교의 정치이념』, 서울: 모시는사람들, 2015.

김옥성, 「한용운의 생태주의와 시학」, 『동양학』 41, 2007.

김용우, 「지구사를 위한 '보편'의 모색」, 조지형 · 김용우 엮음, 『지구사의 도전』, 파주: 서해문집, 2011.

김용휘, 『최제우의 철학』, 서울: 이화여자대학교출판부, 2012.

_____, 「해월 최시형의 자연관과 생명사상」, 『철학논총』 90, 2017.

김원중 · 한진경, 「음식은 세상의 몸」, 『문학과 환경』 13:1, 2014.

김재명, 『종교의 지구지역화에 대한 이론적 연구: 한국개신교를 중심으로』, 서울대학교 종교학과 박사학위논문, 2014.

김지하, 『생명학 1: 생명사상이란 무엇인가』, 서울: 화남, 2008.

_____, 『흰 그늘의 미학을 찾아서』, 남양주: 실천문학사, 2005.

나카마사 마사키, 김경원 옮김, 『한나 아렌트 『인간의 조건』을 읽는 시간』, 파주: 아르테, 2018.

데이비드 하비, 구동회 · 박영민 옮김, 『포스트모더니티의 조건』, 파주: 한울, 1994.

디페시 차크라바르티, 김용우 옮김, 「역사의 기후: 네 가지 테제」, 조지형 · 김용우 엮음, 『지구사의 도전』, 파주: 서해문집, 2011.

_____, 박현선 · 이문우 옮김, 「기후변화의 정치학은 자본주의 정치학 그 이상이다」, 『문화과학』 97, 2019.

래리 라스무쎈, 한성수 옮김, 『지구를 공경하는 신앙: 문명전환을 위한 종교윤리』, 서울: 생태문명연구소, 2017.

러셀 T. 맥커천, 김윤성 옮김, 『종교연구 길잡이』, 오산: 한신대학교 출판부, 2015.

레오나르도 보프, 황종렬 옮김, 『생태 공명: 지구의 울부짖음, 가난한 사람들의 울부짖음』, 세종: 대전가톨릭대학교 출판부, 2018.

로빈 코헨 · 폴 케네디, 박지선 옮김, 『글로벌 사회학』, 서울: 인간사랑, 2012.

로지 브라이도티, 이경란 옮김, 『포스트휴먼』, 파주: 아카넷, 2017.

_____, 김은주 옮김, 『변신』, 서울: 꿈꾼문고, 2020.

린 마굴리스, 이한음 옮김, 『공생자 행성』, 서울: 사이언스북스, 2020.

메리 에블린 터커 · 존 버스롱 엮음, 오정선 옮김, 『유학사상과 생태학』, 서울: 예문서원, 2010.

미로슬라브 볼프, 양혜원 옮김, 『인간의 번영: 지구화시대, 진정한 번영을 위한 종교의 역할을 묻는다』, 서울: IVP, 2017.

박광수 외, 『한국 근현대 민중중심 제천의례 조명』, 서울: 모시는사람들, 2021.

박규태, 「'신불(神佛) 애니미즘'과 트랜스휴머니즘: 가미(神)와 호토케(佛)의 유희」, 『일본비평』 17, 2017.

박희병, 「한국의 전통적 생태사상과 평화주의: 홍대용의 경우」, 『통일과 평화』 4:2, 2012.

_____, 『한국의 생태사상』, 파주: 돌베개, 1999.

발 플럼우드 · 유정원, 「악어의 먹이」, 『맘울림』 38, 2015.

브뤼노 라투르, 박범순 옮김, 『지구와 충돌하지 않고 착륙하는 방법: 신기후체제의 정치』, 서울: 이음, 2021.

샐리 맥페이그, 김준우 옮김, 『기후변화와 신학의 재구성』, 서울: 한국기독교연구소, 2021.

소기석, 「원불교의 四恩倫理에 나타난 생태학적 영성에 관한 연구」, 『종교문화학보』 1, 2006.

소병철, 「동학의 생태주의 요소에 대한 비판적 고찰」, 『범한철학』 77, 2015.

송효진, 「우주론적 생명해방신학의 가능성 탐구: 토마스 베리의 '지구신학'을 중심으로」, 감리교신학대학 석사학위논문, 2009.

스테판 하딩, 박혜숙 옮김, 『지구의 노래: 생태주의 세계관이 찾은 새로운 과학문명의 패러다임』, 서울: 현암사, 2011.

스튜어트 앨런 카우프만, 김명남 옮김, 『다시 만들어진 신』, 서울: 사이언스북스, 2012.

신영순, 「이규보 불교시 연구」, 숙명여자대학교 교육대학원 석사학위논문, 1993.

알도 레오폴드, 송명규 옮김, 『모래 군(群)의 열두 달: 그리고 이곳 저곳의 스케치』, 서울: 따님, 2020.

어니스트 칼렌바크, 노태복 옮김, 『생태학 개념어 사전』, 서울: 에코리브르, 2009.

어빈 라슬로, 「우리, 지구 우주선의 탑승자들」, 『지속 가능한 미래: 세계적인 석학에게 인류의 마지막 대안을 묻다』, 파주: 21세기 북스, 2017.

얼 C. 엘리스, 김용진·박범순 옮김, 『인류세』, 서울: 교유서가, 2021.

에두아르도 콘, 차은정 옮김, 『숲은 생각한다』, 서울: 사월의책, 2018.

에두아르두 비베이루스 지 까스뜨루, 박이대승·박수경 옮김, 『식인의 형이상학: 탈구조적 인류학의 흐름들』, 서울: 후마니타스, 2018.

오드 아르네 베스타, 옥창준 외 옮김, 『냉전의 지구사』, 서울: 에코리브르, 2020.

울리히 벡, 홍성태 옮김, 『위험사회』, 서울: 새물결, 2000.

_____, 조만영 옮김, 『지구화의 길』, 서울: 거름, 2000.

유경동, 「음식 윤리와 종교적 관점」, 『신학사상』186, 2019.

유기쁨, 「'병든 지구'와 성스러운 생태학의 귀환: 생태와 영성의 현실적 결합에서 나타나는 종교문화현상의 비판적 고찰」, 『인문과학연구』39, 2020.

_____, 「애니미즘의 생태주의적 재조명: 믿음의 방식에서 삶의 방식으로」, 『종교문화비평』17, 2010.

_____, 「애니미즘의 재발견과 "person"의 번역」, 《한국종교문화연구소 뉴스레터》(온라인) 468호, 2017년 5월 2일.

_____, 「잊힌 장소의 잊힌 존재들: 생태적 위험사회의 관계 맺기와 종교」, 『평화와 종교』4, 2017.

유발 하라리, 전병근 옮김, 『21세기를 위한 21가지 제언: 더 나은 오늘은 어떻게 가능한가』, 파주: 김영사, 2018.

유씨부인 외, 구인환 엮음, 『조침문』, 서울: 신원문화사, 2018.

윤노빈, 『신생철학』, 서울: 학민사, 2010.

이규보, 『(고전국역총서) 동국이상국집』, 서울: 민족문화추진회, 1989.

이규성, 『최시형의 철학』, 서울: 이화여자대학교출판부, 2012.

이돈화, 『신인철학』, 서울: 천도교중앙총부, 1968(초판은 1931).

_____, 『천도교창건사』, 서울: 천도교중앙종리원, 1933.

이주연, 「지구인문학으로서의 원불교학 모색: 지구위험시대, 은(恩)택트의 세상을 위하여」, 교강선포 100주년 기념 원불교학 학술대회 『2세기, 원불교학 어떻게 나아갈 것인가』 자료집, 2020년 12월 18일.

이준모, 『생태노동』, 서울: 문사철, 2012.

_____, 『종교생태학』, 서울: 문사철, 2012.

이현식, 「홍대용 의산문답 인물론(人物論) 단락의 구조와 의미」, 『태동고전연구』 35, 2015.

이현경, 「정선 〈금강전도〉의 구도와 시점에 대한 역사 · 사회적 고찰」, 『예술학』 2:2, 2006.

인현정, 「홍대용의 정치철학과 물학(物學)의 관계 연구」, 이화여자대학교 철학과 박사학위 논문, 2017.

임태규, 「장자 '덕' 개념의 미학적 해석: 예술 주체의 관점을 중심으로」, 『미학 예술학 연구』 31, 2010.

전석환 · 이상임, 「종교 의례를 통해 본 '식(食) 개념'에 대한 고찰: 동학 · 천도교를 중심으로」, 『동학학보』 44, 2017.

정해성, 〈뉴질랜드, 자연 훼손하면 상해죄 … 지구법, 한국은?〉, 《중앙일보》, 2017. 4.15.

정화열 · 피터정, 「생태공경: 생태윤리를 위한 교육」, 김종철 엮음, 『녹색평론선집 3』, 서울: 녹색평론사, 2009.

제인 베넷 지음, 문성재 옮김, 『생동하는 물질: 사물에 대한 정치생태학』, 서울: 현실문화, 2020.

제임스 러브록, 홍욱희 옮김, 『가이아: 살아있는 생명체로서의 지구』, 서울: 갈라파고스, 2018.

조규훈, 「현대 · 서구 중심적 지구화를 넘어서: 아시아의 종교전통들과 다중적 지구화들」, 『종교연구』 79, 2019.

조명래, 「'지구화'의 의미와 본질」, 『공간과 사회』 4, 1994.

조성환, 「다시 『개벽』을 열며」, 『다시개벽』 제1호, 서울: 모시는사람들, 2020.

_____, 「동학에서의 제천의례의 일상화」, 원광대학교 종교문제연구소 기획, 『한국 근 · 현대 민중중심 제천의례 조명』, 서울: 모시는사람들, 2021.

_____, 「생태문명에 관한 동서양의 대화: 토마스 베리와 해월 최시형을 중심으로」, 『동학의 재해석과 신문명의 모색』, 서울: 모시는사람들, 2021.

_____, 「원주 동학을 계승한 장일순의 생명사상」, 동학학회, 『강원도 원주 동학농민혁명』, 서울: 모시는사람들, 2019.

_____, 「펜데믹 시대에 읽는 지구학(1)-울리히 벡의 『지구화의 길』을 중심으로」, 『개벽신문』 93, 2020년 4월호.

_____, 「현대적 관점에서 본 천도교의 세계주의: 이돈화의 지구주의와 지구적 인간관을 중심으로」, 『원불교사상과 종교문화』 제84호, 2020.

조성환 · 이우진, 「ᄒᆞᄂᆞᆯ님에서 한울님으로: 동학 · 천도교에서의 천명(天名)의 변화」, 『대동철학』 100, 2022.

_____ · 허남진, 「학문의 지구적 전환」, 《더퍼블릭뉴스》, 2021년 1월 15일.

_____,「지구인문학적 관점에서 본 한국종교: 홍대용의『의산문답』과 개벽종교를 중심으로」,『신종교연구』43, 2010.

조지형,「새로운 세계사와 지구사」,『역사학보』173, 2002.

_____,「지구사란 무엇인가」,『서양사론』92, 2007.

_____,「지구사의 미래와 역사의 재개념화」,『역사학보』200, 2008.

지구인문학연구소 기획,『지구적 전환 2021』, 서울: 모시는사람들, 2021.

차옥숭,「천도교의 음식문화: '만사지 식일완(萬事知 食一碗)'-밥의 의미를 중심으로」,『종교문화비평』32, 2017.

차은정,「인류학에서의 탈서구중심주의: 데스콜라의 우주론과 스트래선의 탈전체론을 중심으로」,『서강인문논총』58, 2020.

최제우, 양윤석 역주,『용담유사』, 서울: 모시는사람들, 2013.

최평순, 다큐프라임 인류세 제작팀,『인류세』, 서울: 해나무, 2020.

카렌나 고어,「지구윤리를 위한 세 개의 의자」, 한국생명문명프로젝트,『2020 한국생태문명회의 자료집』, 2020년 11월 19일.

클라이브 해밀턴, 정서진 옮김,『인류세: 거대한 전환 앞에 선 인간과 지구시스템』, 서울: 이상북스, 2018.

토마스 베리, 맹영선 옮김,『지구의 꿈』, 서울: 대화문화아카데미, 2013.

_____, 박만 옮김,『황혼의 사색: 성스러운 공동체인 지구에 대한 성찰』, 고양: 한국기독교연구소, 2015.

_____, 이영숙 옮김,『토마스 베리의 위대한 과업: 미래로 향한 우리의 길』, 서울: 대화문화아카데미, 2009.

_____, 황종렬 옮김,『그리스도교의 미래와 지구의 운명』, 서울: 바오로딸, 2011.

토마스 베리 · 브라이언 스윔, 맹영선 옮김,『우주이야기』, 서울: 대화문화아카데미, 2010.

토마스 베리 · 토마스 클락, 김준우 옮김,『신생대를 넘어 생태대로: 인간과 지구의 화해를 위한 대화』, 서울: 에코조익, 2006.

프란치스코,『찬미받으소서: 공동의 집을 돌보는 것에 관한 회칙』, 서울: 한국천주교중앙협의회, 2020.

한나 아렌트, 이진우 옮김,『인간의 조건』, 파주: 한길사, 2020.

한용운,『한용운전집』, 서울: 불교문화연구원, 2006.

허남진 · 이우진,「지구위험시대의 지구인문학: 토마스 베리의 지구학과 개벽사상의 만남」,『한국종교』49, 2021.

허남진 · 조성환,「동서양의 지구인문학: 한국의 원불교와 서양의 생태학을 중심으로」, 원광대학교 원불교사상연구원 제238차 월례발표회, 원광대학교, 2020.12.22.

_____, 「지구를 모시는 종교: 동학과 원불교의 '천지론'을 중심으로」, 『원불교사상과 종교문화』88, 2021.

_____, 「디페시 차크라바르티의 지구인문학: 지구(Earth)에서 행성(Planet)으로」, 『文學·史學·哲學』67, 2021.

헤지스, 크리스, 노정태 옮김, 『진보의 몰락』(Death of the Liberal Class), 서울: 프런티어, 2013.

헬렌 세이버리, 이지운 옮김, 『차의 지구사』, 서울: 에코리브르, 2010.

홍대용, 김태준·김효민 옮김, 『의산문답』, 서울: 지식을만드는지식, 2011.

황종원, 「최시형 '식(食)' 사상의 종교생태학적 의의」, 『신종교연구』26, 2012.

_____, 「최시형의 생태학적 사유와 평화」, 『유교사상문화연구』74, 2018.

_____, 「최시형의 천지 관념 연구-전통 유학과의 연관관계를 중심으로」, 『대동철학』68, 2014.

제1장　「지구화 시대의 지구인문학」은 『신종교연구』 43집(2020)에 실린 조성
　　　환·허남진의 「지구인문학적 관점에서 본 한국종교: 홍대용의 『의산
　　　문답』과 개벽종교를 중심으로」를 수정한 것이다. 이 논문은 2020년
　　　8월 26일에 원광대학교에서 열린 교책연구소 연합포럼 〈COVID-19
　　　이후 대학연구소의 나아갈 길〉에서 발표한 원고 「코로나 시대의 지
　　　구인문학」을 보완한 것이다. 발표문은 이후에 토호쿠(東北)대학의 가
　　　타오카 류(片岡龍) 교수에 의해 일본어로 번역되어, 日本東アジア実学
　　　研究会에서 간행하는 『自然と実学』 第7号(2022.11.30.)에 趙晟桓·許
　　　南診, 「コロナ時代の地球人文学」이라는 제목으로 실렸다.

제2장　「두 사건에서 보는 지구적 전환: 홍대용과 라투르의 비교」는 『원불교
　　　사상과 종교문화』 88집(2021)에 실린 이원진의 「두 사건에서 보는 지
　　　구적 전환(two geological turn): 우리는 어떤 지구를 상상할 것인가: 홍
　　　대용의 자전설과 자법어물(資法於物), 라투르의 대지설과 사고 전시」
　　　를 수정한 것이다. 이 논문은 2021년 3월 19일에 원광대학교에서 원
　　　불교사상연구원 주최로 열린 〈지구화 시대의 인문학: 경계를 넘는 지
　　　구학의 모색〉에서 발표한 「(지구형이상학) 두 사건에서 보는 지구적
　　　전환: 우리는 어떤 지구를 상상할 것인가」를 보완한 것이다.

제3장　「지구를 공경하는 종교」는 『한국종교』 49집(2021)에 실린 허남진·이
　　　우진의 「지구위험시대의 지구인문학: 토마스 베리의 지구학과 개벽
　　　사상의 만남」을 수정한 것이다.

제4장 「인류세 시대 존재론의 전환」은 『종교교육학연구』 66집(2021)에 실린 조성환·허남진의 「인류세 시대의 새로운 존재론의 모색: 애니미즘의 재해석과 이규보의 사물인식을 중심으로」이다. 이 논문은 이 글은 2021년 5월 22일에 청호불교문화원(서울 본원)에서 열린 한국종교교육학회 춘계학술대회 〈팬데믹 시대의 종교 교육의 과제〉에서 발표한 조성환·허남진의 「애니미즘의 부활과 한국의 님학」을 수정한 것이다.

제5장 「지구학적 관점에서 본 먹음 먹힘의 철학」은 『신종교연구』 47집(2022)에 실린 허남진·조성환의 논문 「지구학적 관점에서 본 먹음 먹힘의 철학: 발 플럼우드와 해월 최시형을 중심으로」를 수정한 것이다. 이 논문은 2021년 11월 18일에 서강대학교 신학연구소 주최로 열린 학술대회 〈성 이냐시오 회심 500주년 기념 학술대회: 지구위기와 대전환〉에서 발표한 허남진·조성환의 원고 「먹음·먹힘의 지구학적 의미: 동학의 식천(食天) 사상과 그리스도교의 성찬 의례를 중심으로」를 보완한 것이다.

제6장 「인류세 시대 지구 담론의 지형도: Globe, Earth, Gaia, Planet」는 『文學·史學·哲學』 69호(2022.06.)에 실린 조성환·허남진의 동명의 글을 수정한 것이다.

찾아보기

[기타]

지구인문학총서01

어떤 지구를 상상할 것인가

등록1994.7.1제1-1071
1쇄 발행 2023년 7월 31일

기 획 지구인문학연구소
지은이 허남진 조성환 이원진 이우진
펴낸이 박길수
편집장 소경희
편 집 조영준
관 리 위현정
디자인 이주향
펴낸곳 도서출판 모시는사람들
      03147 서울시 종로구 삼일대로 457(경운동 수운회관) 1207호
전 화 02-735-7173, 02-737-7173 / 팩스 02-730-7173
홈페이지 http://www.mosinsaram.com/

인 쇄 피오디북(031-955-8100)
배 본 문화유통북스(031-937-6100)

값은 뒤표지에 있습니다.
ISBN 979-11-6629-171-5   94100
세트   979-11-6629-094-7   94100